楽園をめぐる闘い

——災害資本主義者に立ち向かうプエルトリコ

PAReSによる序文

ハリケーン・マリアがプエルトリコを通過してから数週間後、PAReS（パレス）――二〇一七年のプエルトリコ大学での学生ストライキの期間中に公教育を守るために組織された教員たちの団体――のメンバーたちは、国とわたしたちの大学が直面した荒廃にどのように向き合うべきかを話し合うために集まった。わたしたちは、嵐により生じた莫大な物質的被害だけではなく、その後起こるであろう新自由主義政策の過激化についても危機感を募らせていた。

真の災害はハリケーンではなく、プエルトリコと合衆国とのあいだの植民地主義的な関係「プエルトリコは独立した国家ではなく、アメリカ合衆国の自治連邦区（コモンウェルス）という立場にある」と、医療やその他サービスの有無をいわさぬ民営化により生じた、ひどい打たれ弱さであるということを、わたしたちは知っていた。それはつまり、大規模な一時解雇（レイオフ）、多くの学校の閉鎖、社会的諸権利や共同体の福祉のための投資の削減、社会的および物質的なインフラの放棄、そしてさらに深刻となった政権の腐敗と無能さなどのことである。こうした脆弱さは、ワシントンによって押しつけられ、選挙を経ずに選ばれた財政監視・管理委員会が、電気や学校の民営化、基本的なサービスの値上げ、公教育、年金、休暇、その他の権利の大幅な削減を推し進めたことにより悪化した。これらすべての施策がとられたのは、公債によって膨らんだ明らかに支払い不能、違法で正当性を欠いた七三〇億ドルの負債を支払うためだった。それは結果として、プエルトリコの大多数の人びとから希望ある未来を奪い去ることとなった。そしてこれはすべてハリケーン・マリアがわたしたちの海岸に上陸する前の出来事だった。

　公的な議論の場を設け、抵抗と代替案についてのあらたな共同体的思考を促進することを目的に、ＰＡＲｅＳは災害に関する一連の公開討論会を企画することを決めた。わたしたちは最初の講演者としてナオミ・クラインを招き、さまざまな災害後の状況下で「ショック・ドクトリン」が用いられたことに焦点を当てた彼女の著作について話してもらった。わたしたちの目的は、災害資本主義〔クラインが前著『ショック・ドクトリン』で導入した用語で、自然災害やクーデターなどの混乱に乗じて、平常時では考えられないような急進的な新自由主義改革を推し進めること〕がまさにプエルトリコに適用されようとしている様子に光を当て、そうした政策に対して公平で環境にやさしい代替案を後押しし、そして共通の利益のための公教育への計画を強化することだった。わたしたちのもうひとつのねらいは、自分たちの国の福祉、とくにわたしたちのなかで最も打たれ弱い住人たちの福祉をないがしろにするような、すでに広く拒絶された新自由主義政策が、ハリケーン・マリアを利用して推し進められるのを非難することだった。こうした政策は、水道や電気、住宅といった基本的な権利へのアクセスを制限し、わたしたちの環境、健康、民主主義のみならず、生活の質や経済的安定性をも破壊するだろう。そしてそのあいだずっと、勢いを増しながら、富はすでに富める者たちのもとへと移っていくのだ。

私たちとの連帯を決めたナオミは招待を了承し、二〇一八年一月、熱意に満ちた一週間をともに過ごした。その期間中にはプエルトリコ大学リオ・ピエドラス校で災害資本主義に関する公開討論が行われ、一五〇〇人以上が参加し、メディアでも広く報じられた。またわたしたちは島内を何度か移動し、負債と民営化、エネルギー主権、食料主権といった主題についての調査を行った。その一週間は、災害資本主義に抵抗する六〇以上もの団体が集った丸一日の会合をもって締めくくられた。これらの団体はその後も会合を続け、プエルトリコの未来のために、互いに異なる闘争のあいだに連帯を生むことをねらいとした、フンテ・ヘンテ〔スペイン語で「団結した人びと」(英語ではPeople Together)の意〕・ネットワークを発足させるに至っている。ナオミの訪問は、この本で紹介されるほかの諸団体の存在と並んで、組織された市民社会が、いかにして災害資本主義に抵抗し、国家規模での新自由主義への代替案を提示するための「カウンター・ショック」戦略を立てることができるのかという問いをめぐる、いまだ進行中の議論の発展に貢献した。

こうした熱意に満ちた調査と対話の産物である本書は、プエルトリコがどのような歴史の岐路に立っているかを明示している。わたしたちの国を買い叩こうとしている超富裕層をめぐる物語に、アグロエコロジー〔従来の工業的な大規模農業の代替案として、より環境に負荷のかからない農法を研究する動向をさす〕や再生可能エネルギー、そして公教育をめぐる草の根の闘いについての報告を織り込みながら、クラインは衝突するヴィジョンのあいだで今まさに争われている闘いの本質を、鋭く、魅力的に明らかにする。一方には、リゾート地としてのプエルトリコという富裕層のユートピア（わたしたちにとってはディストピア）があり、他方には公平で民主的な、全員にとって持続可能なプエルトリコという、もうひとつのユートピア的ヴィジョンがある。さらにクラインは、現行の闘争を植民地主義と新自由主義の長期的な過程に結びつけることで、この瞬間のもつ歴史的複雑さにも向きあっている。したがって本書は、プエルトリコで現在進行中の危機を理解し、そこでなにが問題となっているのかを理解しようと望むすべての人にとって必読の書である。そこにわたしたちの美しいカリブ海の島々に住む人びとの生存がかかっているのである。

フェデリコ・シントロン・モスコーソ
ギュスタボ・ガルシア・ロペス
マリオルガ・レイエス・クルーズ
ファン・カルロス・リベラ・ラモス
ベルナート・トルト・オルティス

抵抗と連帯のための教授たちによる自主連合（PAReS）

楽園をめぐる闘い――災害資本主義者に立ち向かうプエルトリコ　目次

〔　〕は訳者による補注

太陽光のオアシス

小さな山間の街アフンタスは、プエルトリコのほかのどの街とも同じようにハリケーン・マリアによって完全な暗黒に突き落とされた。被害の規模を調べるために外に出た住人たちは、電力と水の供給が止まっただけではなく、自分たちが島のほかの地域から完全に切り離されたことを知った。すべての道が、周囲の山から押し流されてきた泥山や落下してきた木々、枝で塞がれていた。だが、この荒廃のなかで、一箇所だけ明るい場所があった。

中心広場のすぐ脇、大きなピンク色のコロニアル様式の建物の、あらゆる窓から明かりが洩れていた。その輝きは、おそろしい暗闇を照らすかがり火のようだった。

ピンクの家はカーサ・プエブロといって、環境運動の拠点となるコミュニティ・センターであり、島内のこの地域に深いつながりがあった。二〇年前、センターの設立者である科学者や技術者の家族が、屋根に太陽光パネルを設置した。当時はいくぶん奇異な試みに見えたことだろう。だがどういうわけか、それらの(年を経て性能を強化された)パネルが、ハリケーン・マリアの嵐と落下してくる瓦礫のなかをなんとか生き延びたのである。それにより、嵐が去った後の暗黒の海のなかで、カーサ・プエブロだけが、周囲数マイルで唯一、電力を維持することができたのだ。

そして火に引き寄せられた虫のように、人びとがアフンタスの山々から訪れ、そのあたたかい光に迎え入れられていった。

嵐の前からすでに共同体の中心だったそのピンクの家は、自主的に組織された救援隊の拠点へとたちまち姿を変えた。数週間のあいだ、連邦緊急事態管理庁、あるいはほかのいかなる国際組織も十分な救援物資を届けることができなかったので、食料、水、防水シート、チェーンソーを手に入れるために——そしてその貴重な電力供給に頼り電気製品を充電するために——人びとはカーサ・プエブロに集まった。最も重要なこととして、カーサ・プエブロは当面のあいだ野戦病院のようになり、風通しの良いへやべやは、酸素吸入器のための電力を必要とする高齢者たちでいっぱいになった。

太陽光パネルのおかげでカーサ・プエブロのラジオ局は放送を続けることができ、電線や電波塔が倒れたことでほかのすべてが途切れた今、それは共同体唯一の情報源となった。最初にパネルが設置されてから二〇年が経ち、屋根の上での太陽光発電はまったく奇抜なものに見えなくなった――実際それは、ハリケーン・マリアと同規模の天候不順がこれからも確実に押し寄せるであろう未来を生き抜くための、もっとも見込みのある希望を示しているように見えた。

今回のプエルトリコ滞在中にカーサ・プエブロを訪れたことは、めまいのするような体験だった――もうひとつの世界、すべてがうまくいっており、楽観的な空気で満ち溢れた平行世界のプエルトリコへの入口に足を踏み入れたような気持ちだったと言えなくもない。

その衝撃は、わたしがその日のほとんどを高度に工業化された南の海岸地帯で、ハリケーン・マリアのもっとも残酷な影響の一部を被った人びとと話して過ごしたことによっても強められた。標高の低いその地域の住民たちは、洪水に見舞われたのみならず、嵐が近くの石油発電所と農業試験場から有害物質を撒き散らしたのではないかという、確認しようにもできない不安に悩まされていた。これらのリスクに加え——島内で最大規模の発電所二基の真横に暮らしているのにもかかわらず——多くがいまだに暗闇のなかで生活していた。

そこでの気を休める暇もない暗澹とした状況は、息の詰まるような暑さにより悪化しているように思えた。しかし、車で山々を越えてカーサ・プエブロに到着すると、一瞬にして雰囲気が変わった。大きく開かれた扉が、センター所有の共同管理農園で有機栽培された淹れたてのコーヒーとともにわたしたちを歓迎した。頭上では空気を洗い流すような土砂降りが、音を響かせながら大切な太陽光パネルに打ちつけていた。

カーサ・プエブロの管理委員長、あご髭を生やした生物学者アルトゥロ・マッソル＝デヤは、設備を簡単に案内してくれた。ラジオ局、嵐が去った後にオープンした太陽光の映画館、蝶園、地元の民芸品や広く人気のある独自ブランドのコーヒーを取り扱う売店などだ。彼は壁に掛かったいくつもの額入りの写真についても教えてくれた。露天掘坑での採掘に抗議するために集まった大勢の人たち（激しい戦いとなったが、カーサ・プエブロは勝利に貢献した）、屋外での授業を行う森林学校の様子、近隣の山々にガスのパイプラインを通す計画に対するワシントンDCでの抗議運動のときの写真（こちらも勝利）などだ。このコミュニティ・センターは、エコ・ツーリズムのための宿泊地であり、革命家たちの拠点でもあるという、奇妙な混合体だったのだ。

木製のロッキングチェアに落ち着くと、マッソル＝デヤは、ハリケーン・マリアがこの島々における可能性についての彼の見通しを変えたのだと語った。彼は長年のあいだ、この島々の電力供給のさらに多くを再生可能エネルギーから得るべきだと主張してきた。プエルトリコが輸入化石燃料と中央集権的な発電にきわめて大きく依存していることで生じるリスクに警鐘を鳴らしてきたのだ。とりわけ数十年にわたり熟練の電気技術者たちを解雇し続け、メンテナンスを怠ってきたからには、ひとつ大きな嵐が来ればすべての電力系統が破壊されてしまうだろう――そう彼は警告したのだった。

今では、ちょうどアフンタスの誰もが明かりに満ちたカーサ・プエブロを見れば、消費される現場で生み出される太陽光エネルギーの利点を即座に理解できたように、家の明かりを失った者たちは皆、これらのリスクを理解したのだ。マッソル＝デヤは次のように述べる。

「以前からわたしたちの生活の質は高かったのですが、それは太陽光発電を利用していたからです。そしてハリケーン・マリアの後も、われわれの生活の質は変わらず高いままです。……この場所は地域のためのエネルギーのオアシスだったのです」

プエルトリコのエネルギー・システムほど気候変動によって深刻化したショックに対して脆弱なものを想像するのは難しいだろう。この島々が化石燃料から得ている電力は、驚くべきことに全体の九八％にのぼる。それにも関わらず石油やガス、石炭を自給することができないのだから、すべての燃料は船で輸入される。そしてそれらはトラックかパイプラインで数基の巨大な発電所に輸送される。次に、これらの発電所が生み出した電力は陸上のワイヤーと、ビエケス島と本島を結ぶ海底ケーブルによって非常に長い距離を送電される。この化け物じみた巨大なシステムはおそろしく金がかかるので、結果として電気料金はアメリカの平均のおよそ二倍となる。

そしてまさにマッソル＝デヤのような環境運動家が警告したように、ハリケーン・マリアはプエルトリコのエネルギー供給システムのあらゆる手足に壊滅的な亀裂を入れたのだ。輸入された燃料の大部分を受け入れるサンファンの港は危機に追い込まれ、切実に必要な物資を詰め込んだ一万ほどのコンテナは、波止場に置き去りのまま運ばれるのを待つのみだった。トラック運転手の多くは道路の障害物のため、あるいは自分の家族の安全を確保するべく奮闘していたために港にたどり着くことができなかった。島中でディーゼルの供給が不足したので、一部の運転手はそもそも燃料を確保することができなかった。ガソリンスタンドの行列は数マイルにおよんだ。島の半数のスタンドは営業不能となった。港に置き去りとなった物資の山は膨れ上がるばかりだった。

一方、ビエケス島と本島を結ぶケーブルは損傷し、修理には六ヶ月待たなければならなかった。そして発電所からの電力を運ぶ電線は島中で破損していた。そのシステムは、文字通りなにも機能していなかったのだ。

この広範な崩壊は、マッソル＝デヤによると、全面的かつ迅速な再生可能エネルギーへの移行を主張する彼を後押しする結果となった。なぜなら、さらなる天候不順(ショック)が何度も起こることが確実な将来において、広範囲に広がる交通網を必要としないエネルギー供給源を求めるのは当然のこととなったからである。そしてプエルトリコは、化石燃料には乏しいものの、太陽の光は浴びるほどあり、鞭打つような風もあり、波にも囲まれているのだ。

再生可能エネルギーは嵐による損害と無関係だということではけっしてない。プエルトリコのいくつかの風力基地ではタービンの羽がハリケーン・マリアの強風で折れてしまい（取りつけ位置が適切でなかったためのようである）、よく固定されていなかった太陽光パネルはいくつか吹き飛ばされてしまった。こうした弱さは、カーサ・プエブロやほかにも多くの論者が再生可能エネルギーに関してマイクロ・グリッド・モデル〔大規模な発電所に依存しない小規模な電力系統〕の必要性を強調する理由の一部である。いくつかの巨大な太陽光発電所や風力基地から長く破損の危険もある電線で電力を輸送するという仕組みに依存するのではなく、小さく共同体に根ざしたシステムを用いれば、消費されるその場所で発電することになるだろう。もし大きなグリッドの損傷の修理が長引いたとしても、こうした共同体は簡単にそこから切断し、自分たちのマイクロ・グリッドから電力を引き続けることができるのだ。

この脱中心化されたモデルはリスクをゼロにすることはできないが、それでもプエルトリコ人が数ヶ月におよび苦しんだ——そしていまだに数十万人もの人びとが苦しんでいる——ような完全な電力供給の停止を、過去のものにするだろう。次の嵐を生き残った誰かの太陽光パネルが、カーサ・プエブロのように、次の日も問題なく動いているだろう。そして「太陽光パネルは取り替えが簡単」なのだとマッソル＝デヤは指摘する——電線やパイプラインはそうではない。

再生可能エネルギーの福音を広めるねらいも込めて、嵐の後の数週間、カーサ・

プエブロは一万四千の太陽光ランタン——日中外に置いておくと充電され、夜間に必要となる光をためておくことのできる小さな正方形の箱——を配った。最近ではコミュニティ・センターは、太陽光で動くフルサイズの冷蔵庫を大量に配布することができた。このことは、まだ電力供給の行き届かない内陸の家庭の生活を劇的に変えることになるであろう。

またカーサ・プエブロは、#50ConSolと名づけられた、プエルトリコの電力の五〇％を太陽光によってまかなうことを求めるキャンペーンを開始した。その一環として、アフンタスの数十もの家庭、そして直近の例では床屋などを含む事業所に太陽光パネルを設置している。「今ではわれわれの手助けを希望している家庭もあるのです」とマッソル＝デヤは言った——カーサ・プエブロの太陽光パネルがエコな贅沢品のように見えたそう遠くない過去から見れば、目覚ましい変化である。

「われわれはあの風景を変え、プエルトリコの人びとに違った未来が可能なのだと伝えるためであれば、手に届くことならなんでもするつもりです」

わたしが話した数人のプエルトリコ人は、何気ない様子で、ハリケーン・マリアのことを「わたしたちの先生」と呼んでいた。なぜなら、その嵐の動乱のなかで人びとが学んだのは、なにがうまく機能しないか（つまりほとんどすべてうまくいかないということ）だけではなかった。人びとはいくつかの物事が驚くべきほどうまく機能することも即座に学んだのだ。それはアフンタスでは、太陽光発電だった。ほかの場所では、洪水や暴風に対してより耐久力のある伝統的な農法を用いた小規模な有機農場だった。そしていかなる場合にも、共同体の深い関係性は、離散（ディアスポラ）したプエルトリコ人たちとの強靭な絆と併せて、政府が失敗を繰り返しているあいだに救援物資を届けることに寄与したのだ。

カーサ・プエブロは三八年前〔一九八〇年〕に、マッソル＝デヤの父であり、二〇〇二年には環境運動におけるリーダーシップによって栄誉あるゴールドマン賞〔一九九〇年にリチャードとローダ・ゴールドマン夫妻によって設立された賞で、草の根の運動家に送られ、環境分野のノーベル賞とも呼ばれる〕を授与された、アレクシス・マッソル＝ゴンザレスによって設立された。マッソル＝ゴンザレスは、ハリケーン・マリアが、

——電力に関してのみならず、食料、水、その他の生活必需品についても——より健康でより民主的な経済への根本的な移行の端緒となる可能性の窓を開いたのだという息子の信念を共有していた。「わたしたちはエネルギー・システムの変革を目指しているのです。われわれの目標は太陽光エネルギーを採用し、石油や天然ガス、そして炭素を過去のものにすることです」と彼は言った。「それらは重大な環境汚染を引き起こすのですから」

四五マイル南東の沿岸にあるサリナス近郊のジョボス・ベイという共同体に、彼のメッセージの反響を見てとることができる。ここは、大部分が旧式の化石燃料を用いた火力発電所から発生した有害物質の大量流出に悩まされた地域の一部である。アフンタスと同じように、ここの住民たちはコキ・ソラール（「コキ」は地名、「ソラール」はスペイン語で「ソーラー」）というプロジェクトを通じて、ハリケーン・マリア後の電力供給の停止を太陽光発電の推進のための好機とした。地域の研究者たちと協働して、住民たちは必要なエネルギーを生み出すのみならず、地域の仕事や収益の維持を可能にするような計画を打ち出した。コキ・ソラールの代表者の一人であるネルソン・サントス・トーレスによれば、太陽光発電に関する技術研修を行うことで「地域の若者たちがパネルの設置に参加できる」ようになり、若者たちに島に残る理由を与えることを目指しているとのことだった。

その地域を訪れた際、プエルトリコ大学で環境科学を専攻する大学院生で、地域の再生可能エネルギーに関するプロジェクトに参画しているモニカ・フロレスは、真に民主的な資源の管理がその島々の最良の希望なのだとわたしに語った。人びとは「これはわたしたちのエネルギーなのだ」という感覚をもつ必要があるのだと彼女は言った。

「ここにあるのはわたしたちの水であり、それをこのように管理するのは、わたしたちがそのプロセスに信頼を置いており、自分たちの文化や自然、そして自分たちを支えるすべてのものに敬意を払っているからなのです」

ハリケーン・マリアによってもたらされた長引く災害のなかで数ヶ月が過ぎ、数十もの草の根の活動団体が団結して推進しようとしていたのは、まさに、その島々の人びとによって自分たちの利益のために運営される、再想像されたプエルトリコというヴィジョンだった。嵐があれほどまでに明白に暴露した無数の機能不全と不正のなかで、そうした諸団体は、カーサ・プエブロのように、天候による自然災害を人間による災害へと変えた根本にある諸原因に取り組む機会を見出していた。プエルトリコが輸入された燃料と食料に過度に依存していること、支払い不可能で違法の可能性すらある債務およびそれを口実に何度も課された緊縮財政、そしてそれにより防衛機能が深刻に弱められたこと、さらに一三〇年にわたりプエルトリコの黒人と褐色の人びとの生活を脅かしてきた合衆国政府との植民地的関係といった諸原因である。

この今生まれつつある運動の観点から言えば、もしハリケーン・マリアが教師なのであれば、その嵐が与えた最大の教訓とは、現在が過去にあったものを再構築するための時間なのではなく、むしろ、あり得たかもしれないものへの変革の時間なのだということである。「わたしたちが消費するすべてのものは海外から来て、わたしたちの収益は輸出されていく」のだと、数十年にわたる闘争を経て今や白髪頭となったマッソル＝ゴンザレスは言った。このシステムは債務と緊縮財政に帰着し、それらはともにハリケーン・マリアによる打撃へのプエルトリコの打たれ弱さを急速に助長したのだ。

しかし、企みを含んだ笑顔で彼は言った。

「われわれは危機を変革のための好機だと捉えているのです」

マッソル＝ゴンザレスとその仲間たちは、ハリケーン・マリアが過ぎた後の時機をうかがっているのが自分たちだけでないことを十分に知っていた。嵐の後にプエルトリコを根本的につくり直すための、もうひとつのまったく異なる見方があり、銀行や不動産開発業者、暗号通貨トレーダー、そして選挙を経ずに選ばれた七人から成りプエルトリコの経済に対して絶対的な影響力をもつ財政監視・管理委員会が当然のごとく出席する一連の会合で、リカルド・ロセジョ知事によって熱烈に推進されているのだ。

この強力なグループにとっては、ハリケーン・マリアがもたらした教訓は、天候不順時において経済的依存や緊縮財政がもたらした危機とは無縁のものとされた。その人たちによれば、真の問題はプエルトリコが公的に所有されていること、そしてそれにより適切な自由市場の誘因（インセンティブ）が阻害されていることだった。インフラを公的な利益に奉仕するべくつくり変えるよりも、民間の事業者に在庫処分セールのような価格で売り渡すことを彼らは主張したのだ。

これは、プエルトリコがみずからを「訪問者経済（ビジター・エコノミー）」、すなわち極端に小さくなった国家と、島々に住むプエルトリコ人の数の大幅な削減にもとづく経済へと変革していく包括的なヴィジョンのほんの一部に過ぎない。税金優遇措置と、一年中完全に囲い込まれたプライベートな空間で五つ星リゾートに住むライフスタイルといった豊穣の角（コルヌコピア）によってヨーロッパ、アジア、そして合衆国本土から永住するべくおびき寄せられた数万人もの「個人資産家たち」が、プエルトリコ人にとって代わることになるのだ。

ある意味では、島々の富が注意深く民主的に住民たちによって管理されるプエルトリコというヴィジョンと、ある者たちは「プエルトピア」と呼ぶ、サンファンとニューヨークシティの高級ホテルの舞踏室で呼び起こされている自由至上主義（リバタリアン）的計画は、どちらもユートピア的なプロジェクトである。一方の夢は人びとが自分たちの土地、エネルギー、食料、そして水に対して集団的な主権を行使したいという願望に、そして他方の夢は少数のエリートが、際限のない私有の利益を蓄積するべく、政府の影響力から完全に解放されたいという願望に支えられている。

中央山岳地帯の持続可能性を目指す農場や学校に始まり、ビエケス島の元米海軍基地、東海岸の名高い相互扶助施設、南部にあるかつてのサトウキビプランテーションが太陽光ファームに変えられた施設など、プエルトリコ全土を巡りながら、わたしは、これらふたつのまったく異なる未来のヴィジョンが、嵐によって開かれた可能性の窓が閉じてしまう前にそれぞれの計画を推し進めるべく猛進していることを知った。

この闘いの核心にあるのは次のようなとても単純な問いである。プエルトリコは誰のためにあるのか？　プエルトリコ人か、あるいは外からやって来た者たちか？　そしてハリケーン・マリアという集団的トラウマの後で、誰が決定権を握るのか？

プエルトピア人の侵略

今月初め、サンフアンの豪華なコンダード・バンデルビルト・ホテルでは、利益を追求するユートピアとしてのプエルトリコという夢が盛大にお披露目されていた。三月一四日から一六日のあいだ、このホテルはプエルト・クリプトという暗号通貨（クリプト・カレンシー）〔高度な暗号技術によって安全性が保証された仮想通貨〕とブロックチェーン〔暗号通貨の取り引きを支える、「ブロック」と呼ばれる取引情報を分散して管理する仕組み〕に関する三日間の「没入型（イマーシヴ）の」提案会（ピッチ）の開催地となり、そこではなぜプエルトリコが「数兆ドルもの市場の震源地となる」のかという主題に特別な焦点が当てられていた。

提案者のなかの一人、アイン・ランド研究所〔アメリカの小説家で自由至上主義者（リバタリアン）のアイン・ランドの思想を普及するために一九八五年に設立されたシンクタンク〕の所長ヤロン・ブルックは「規制緩和とブロックチェーンがいかにしてプエルトリコをカリブ海の香港に変えるか」というプレゼンをした。昨年、ブルックは自身がカリフォルニアからプエルトリコへ引っ越したこと、それにより収入の五五%支払っていた税金を四%以下まで抑えられたことを公表した。

島々のほかの場所では数十万人ものプエルトリコ人がいまだに懐中電灯で生活しており、多くがいまだにFEMA〔連邦緊急事態管理庁〕の食糧支援に頼っており、中心的な精神保健福祉ホットラインは利用者で溢れかえっていた。しかし満員となったバンデルビルトのコンファレンスには、そんな気の滅入るニュースの入り込む余地はなかった。その代わり八〇〇人の参加者は――「日の出を見ながらのヨガと瞑想」か「朝のサーフィン」かを選ばされた後で――経済開発商務庁のマヌエル・ラボイ・リベラ長官をはじめとする高級官僚たちから、プエルトリコがみずからを、暗号通貨によって富をなした新興の百万長者や億万長者たちのための究極の遊び場に変えるために行なっているあらゆることについて聞かされた。

これはプエルトリコ政府がすでに数年のあいだ民間の富豪たちに向けて行ってきた提案であるが、最近まではおもに金融部門やシリコンバレー、そのほかデータにアクセスさえできればどこでも働けるような人びとを対象としていた。その提案とは次のようなものだった。あなたは、アメリカの市民権を放棄すること、あるいは事実上はアメリカ合衆国を去ることとすらせずに、合衆国の税法、規制、そしてウォール街の寒い冬から逃れることができます。ただ会社の住所をプエルトリコに移せば、あなたは四%という驚くべき低さの法人税率の恩恵を受けられるのです――ドナルド・トランプの最近の減税政策のあとでも、アメリカの会社はもっとずっとたくさんの税を支払っていますよ。それから、二〇一二年に可決された法律第二〇号のおかげで、プエルトリコに拠点を置く会社がプエルトリコの住民に支払う配当は非課税です。

コンファレンスの出席者たちはまた、もしプエルトリコに居を移せば毎朝サーフィンができるのみならず、莫大な個人税制優遇措置を受けるのだということも学んだ。連邦税制規則のなかの、ある条項のおかげで、プエルトリコに移住する合衆国の市民はプエルトリコで稼いだいかなる収入に関しても連邦所得税を払う義務を免れるのだ。そしてもう一つの法律、第二二号のおかげで、移住者は資本利得税を支払う必要もなく、プエルトリコ国内での利息と配当については非課税といった、大幅な税制優遇措置を受けることができる。そのほかにもまだまだ——そのすべては機能的にはすでに破産している島々に資本を惹きつけるための切実な売り出しなのである。

ヘッジ・ファンドを経営する億万長者で、プエルト・クリプトの開催地となったホテルを所有するジョン・ポールソンを引用すれば、「世界のほかのどこでもできないようなやり方で、税金を最小化できる」のだ（あるいは、税金逃れを手助けするウェブサイト、プレミア・オフショアが書いたように、「ほかのタックス・ヘイヴンはすべて店仕舞いするかもしれない……プエルトリコはそれだけ桁違いなのだ……これまでにない最高のパフォーマンスをキメた後にマイクを落としたというわけだ」〔英語の「マイクを落とす」は、スピーチなどのパフォーマンスが完璧だったことを示す表現〕）。

ニューヨークシティからサンファンへのたった三時間半（プライベート・ジェットを使えばもっと早いかもしれない）の通勤を除けば、この計画に参加するためにしなければならないことは、年間一八三日を——言い換えれば、冬を——プエルトリコで過ごすことに合意するだけだ。特筆に値することに、プエルトリコの住民はこの計画から除外されているばかりでなく、非常に高い地方税を払わなければいけない。

マヌエル・ラボイはこのコンファレンスという機会を利用して、ブロックチェーン・ビジネスをプエルトリコに引き寄せるための新しい諮問機関の設立を発表した。さらに彼は、もし参加者たちが、すでにこの計画に飛び乗った「プエルトピア人」と名乗る人たちの後を追うとすれば待っているであろうライフタイルによって得られるボーナスについて熱弁した。ラボイがインターセプト〔アメリカのインターネットメディア、本書巻末を参照〕に語ったように、五年前にタックスホリデー〔一定期間の免税措置〕が導入されてから移住した五〇〇人から一〇〇〇人の個人資産家たち——そのうちのほとんどが私立学校のあるゲーテッドコミュニティに住んでいる——にとっては、ただ「常夏の島で、最高の人たち、最高の天気、最高のピニャ・コラーダに囲まれて暮らす」ことでしかないのだ。素敵でしょう?「あなたは、そうだな、常夏の島でこの終わりのない休暇を過ごしながら、同時に働けるというわけですよ。この組み合わせは、わたしが思うに、とても強力ですよ」

この新しいプエルトリコの公式スローガンはなにかって？ それは、「パラダイスはヤる(パフォームズ)」というものだ〔英語のto performには「行う」、「演じる」、なにかを「達成する」などの意味のほかに、「満足に性行為を行う」というスラング的用法もある〕。このことを強調するかのように、コンファレンス参加者たちは「暗号通貨ハニー・パーティー」に招かれ、そこでは花粉をテーマにした飲み物とおつまみが提供されるとともに、二〇一三年のミス・ティーン・パナマであり「カリビアン・ネクスト・トップモデル」コンテストに出場予定のイングリッド・スアレスとつるむ(ハングアウト)機会まで与えられたのだ。

暗号通貨のマイニングに伴うエネルギー消費量は毎週上昇しており、地球上の温室効果ガス排出原因のなかでも最も急速に拡大しているものの一つである〔暗号通貨の取引情報をブロックチェーンに書き込むことで報酬として新たに発行される暗号通貨を得ることをマイニング（採掘）と呼び、膨大な量の計算作業が必要となるため電力消費量の巨大化が懸念されている〕。ビットコイン・エネルギー消費指標によれば、現在ではビットコインだけでも年間でイスラエル一国とほぼ同じだけのエネルギーを消費している。ニューヨーク州プラッツバーグ市は、最近、地域の電力消費量が突然急上昇したことを受け、暗号通貨マイニングを一時的に禁止する措置をとった。現在プエルトリコに拠点を移そうとしている暗号通貨取引会社のうちの多くは、おそらくはどこか別の土地でマイニングを行うことだろう。だがそれでも、住民たちのための明かりすら保てないような島々を、最も無駄なエネルギーの使い方に支えられた「数兆ドルもの市場の震源地」にするという考えは奇妙だし、「クリプト・コロニアリズム」〔二〇〇二年に人類学者マイケル・ハーツフェルドにより考案された用語で、政治的独立と引き換えに経済的依存を強いられる状況のこと。本来暗号通貨（クリプト・カレンシー）とは関係ない〕に関する危惧は大きくなるばかりである。

　こうした不安を取り除くためもあって、プエルト・クリプトは直前になって少し帝国主義的な響きの和らいだ「解き放たれたブロックチェーン」へと名称を変更したが、その名前は定着しなかった。さらに暗号通貨取引関係者のなかには、プエルトリコへ移住することにラボイの描いた楽園を越えた魅力を見出す者たちもいる。ハリケーン・マリアの後、土地がさらに安く売られていき、公的資産が在庫処分セール価格でオークションにかけられ、連邦災害基金から数十億ドルが事業者へ流れていくなかで、この島々をめぐるもっとずっと壮大な夢が姿を現し始めた。プエルトピア人たちは、リゾート地の豪邸を買うだけではなく、自分たちの街をつくるのに足る広大な土地の購入を検討し始めたのだ——その街は空港、ヨットの停泊所、入国管理局が完備され、すべてが仮想通貨によって運営されるのである。

「ソル」と呼ぶ人もいれば「クリプトランド」と呼ぶ人もいるが、この計画はなんと独自の宗教さえ兼ね備えているのである。その宗教とは、アイン・ランドに学んだ財産至上主義、慈善資本主義的な高貴な身分でいることの責任感（ノブレス・オブリージュ）、バーニング・マン〔アメリカ北西部で毎夏行われるフェスティバル〕のような擬似スピリチュアリティ、そしてハイになったときに観た『アバター』のなかから覚えているシーンをいくつかもってきてごちゃ混ぜにしたようなものである。この運動の実質上の指導者（グル）である、暗号通貨取引企業家となったかつての子役ブロック・ピアスは、ニューエイジ的な警句を次々と生み出すことで有名で、たとえば「億万長者というのは億万の人びとの人生によい意味での衝撃をもたらした人のことをいうのだ」といった調子である。クリプトランドの候補地を求めて出かけた不動産探しの遠足中に、彼は、聞くところによれば、多くの先住民族の文化において聖なるものとされる雄大なパンヤの木の「胸」へと這っていき、また「年老いた男の足に口づけをした」そうだ。

だが勘違いしてはいけない——ここでの本当の宗教は税金逃れなのである。ある若い暗号通貨トレーダーは、納税申告の締切に間に合うタイミングでプエルトリコに移住するときに、「マジで地図で探さなきゃいけなかった」のだと最近YouTubeで語った（彼は後に、プエルトリコ人がスペイン語を話すことが少し「カルチャーショック」だったことを認めたが、視聴者には「グーグル翻訳アプリをインストールすれば準備万端」とアドバイスしている）。

税制とは窃盗のようなものなのだという確信は、自分の力で富を築いたと思っている者たちにおいてはけっして真新しいものではない。それでも、文字通り自分でつくりだした——採掘した——通貨によって短期間で富を得た者たちにとって、なにもお返しに与えるものなどないのだという考えが特別な独善によって支えられていることについては、一考に値する。四二歳のプエルトピア人リーヴ・コリンズは『ニューヨーク・タイムズ』に、「王でも政府でも神でもない者が自分の通貨を創りだせるようになったのは人類の歴史上初めてのことなのだ」と語った。では、その金のうちのいくらかをその人たちから取り上げる政府とは一体誰だというのか？

　ビーチサンダルとサーフィン用の短パンを穿いたプエルトピア人たちは、一族全体としては、人工の島々に自分たちの都市国家を築くことで政府の手を逃れようと何年ものあいだ画策している裕福な自由至上主義者（リバタリアン）たちの運動であるシー・ステッド〔元グーグルのエンジニアでありミルトン・フリードマンの孫のパトリ・フリードマンらによって二〇〇八年に設立されたNPO〕の、ゆるい従兄弟のようなものである。税金を払わされたり規制を受けたりするのが嫌な者であれば誰でも簡単に、シー・ステッドのマニフェストが宣言するように、「船（ボート）によって投票（ヴォート）」できるのだ〔意見が合わなければほかの島に船ごと移ればよい、という意味と思われる」。

このようなアイン・ランド的な分離主義ファンタジーを思い描く者たちにとって、プエルトリコはもっと扱いやすい。税制と富裕層に対する規制については、現プエルトリコ政府は比類のない熱意をもって降伏した。そしてここでは、複雑な海上プラットフォームの上に自分たちの島をつくるという面倒からも免れる――プエルト・クリプトでのあるセッションで語られたように、プエルトリコは「クリプト・アイランド」へと改造される準備ができているのだ。

もちろん、シー・ステッドの信奉者たちが妄想する空っぽの都市国家とは違い、現実世界のプエルトリコには命があり息をしているプエルトリコ人たちが密集して暮らしている。しかしFEMAと地元政府がそのことに対処するべく全力を尽くしている。ハリケーン・マリアの後の移住者の流れをたどる信頼に足る調査は行われていないものの、二〇万人ほどがプエルトリコを去り、そのうちの多くが連邦政府の援助を受けたとされているのだ。

この大移動(エクソダス)は、はじめは一時的な緊急策として提示されたが、国外転居が永続的なものとして意図されていることはやがて明白となった。プエルトリコ知事の事務所は、次の五年間で二〇％近い人口の「累積減少」を経験するだろうと予測している。

プエルトピア人たちは、このすべてが地元住民には過酷なものであることを知りながら、それでも自分たちの存在が荒廃した島々への恩恵なのだと主張している。ブロック・ピアスは、暗号通貨による資金がプエルトリコの復興と地元の農業やエネルギーを含めた企業活動を財政支援することになるのだと述べている（とくに具体例は提示することないが）。プエルトリコで現在起こっている膨大な頭脳流出は、彼に言わせれば、自分と税金逃れ仲間たちのおかげで起こっている「頭脳流入」によって相殺されているのだそうだ。プエルトリコ投資会議においてピアスは、「われわれが最大の喪失を経験しているこの瞬間こそ、再出発し、更新する最大の機会なのだ」と、哲学的な調子で語った。

ロセジョ知事もこれには同意見のようだ。二〇一八年二月、彼はニューヨークの企業家の聴衆たちに、ハリケーン・マリアによって投資家たちが自分たちの夢の世界を描くことのできる「真っ白なキャンバス」ができたと述べたのだ。

外からの実験に悩まされ続ける島々

真っ白なキャンバス、つまり最も大胆な発想を試すことのできる安全な土地という夢は、プエルトリコにおいて長い苦難の歴史を生んできた。長い植民地時代を通じて、この島々は、後に世界中に輸出するためのプロトタイプを試すための生きる実験室として利用されてきたのだ。そのような実験の一つである悪名高い人口管理実験によって、一九六〇年代半ばまでにプエルトリコの女性たちの三分の一以上に強制的な不妊治療が施された。長年にわたり、最終的にアメリカの市場に出回ったタイプの四倍の量のホルモンを含んだ高リスクの避妊ピルなど、多くの危険な薬物がプエルトリコで試された。

ビエケス島——かつてその島の三分の二以上がアメリカ海軍の施設として利用され、海兵隊が地上戦の実践練習や狙撃訓練を行った——では、オレンジ剤〔ベトナム戦争で用いられた強力な枯葉剤〕から劣化ウランやナパーム弾まで、あらゆるものが試された。今日にいたるまで、モンサントやシンジェンタといった巨大農業関連企業がプエルトリコの南岸を、とうもろこしと大豆をはじめとする数千もの遺伝子組換え作物の種の広大な試験場として利用している。

さらに、多くのプエルトリコの経済学者たちは、プエルトリコが経済特区のモデルを発明したのだという説得的な根拠を示している。世界に自由貿易の時代が押し寄せるよりずっと前の五〇年代と六〇年代に、低賃金労働力と特別な税制優遇措置を利用するためにアメリカの製造業者たちが軽工業の拠点をプエルトリコに移したことで、理屈上はアメリカ合衆国のなかに留まりつつ、効果的にオフショア労働とマキラドーラ〔主に米国とメキシコのあいだで結ばれた、減税措置を伴う委託生産契約〕工場のモデルを試すことができたのだ。

ほかにも例はいくらでも挙げることができる。こうした実験におけるプエルトリコの魅力は、島という地形による管理のしやすさと、あからさまな人種差別との組み合わせの産物だった。長いあいだ地域の共同体のために働いてきた環境運動家のファン・E・ロサリオは、彼の母親がサリドマイド〔妊婦が服用すると胎児に身体障害をもたらす危険性の高い鎮静・催眠薬で、五〇年代から六〇年代にかけて広く世界中で使用された〕の実験の被験者だったとわたしに教えてくれた。彼は次のように語った。

「ここは、孤立した、価値のない人びとがたくさん住んでいる島々なんです。犠牲にしてもよい人びとです。長年のあいだ、わたしたちはアメリカの実験のモルモットにされてきたんですよ」

これらの実験はプエルトリコの土地と人びとに癒えない傷跡を残した。そのことは、北米自由貿易協定の締結〔九二年調印、九四年発行〕および世界貿易機関設立〔九五年〕後に、アメリカの製造業者たちがまずメキシコ、次に中国の、さらに賃金が安く規制の緩い土地へのアクセスを手にするとともに放置された工場跡地に見ることができる。また、爆発物や除去されていない弾薬、ビエケス島のエコシステムから洗い流されるまでに数十年を要するであろうさまざまな軍事汚染物のカクテル、さらにはその小さな島で進行中の健康被害にも、そうした傷跡は刻み込まれている。ほかにも、島々のいたるところに高度に汚染された地区があり、環境保護庁によってそのうちの一八の区域がスーパーファンド・サイト〔汚染が深刻で浄化が必要な地区」に指定されており、その有害性は地域の健康への影響において顕れている。

最も深刻な傷跡はさらに見えづらいところにある。植民地主義そのものが社会的な実験であり、あからさまな、あるいは暗黙の支配を多層的に組み合わせることで、現地の人びとから固有の文化、自信、そして権力を剥ぎ取るように設計されたシステムである。ストライキや反乱を抑え込むための軍隊あるいは警察の残忍な暴力から、プエルトリコの国旗を禁じたかっての法律、さらには今日の、非選挙の財政管理委員会によって通達される要求にいたるまで幅広い装置によって、この島々の人びとは数世紀にわたり網の目のような支配のもとで生きてきたのだ。

わたしの訪問の初日、プエルトリコ大学で行われた労働組合の代表たちとの会合で、ロサリオはこの終わりなき実験による心理的影響について熱意をもって語った。彼は、このような高いリスクを孕んだ瞬間——これほどまで多くの部外者たちが、それぞれの計画と壮大な夢を抱えながらプエルトリコに降り立っているとき——において、「われわれは自分たちがどこに向かっているのかを知らなければならない。どこがわれわれの最終目的地なのかを知らなければならない。楽園がどのように見えるのかを知らなければならない」のだと述べた。サーフィンが趣味の通貨トレーダーたちにとって「ヤる（パフォームズ）」ような楽園ではなく、大多数のプエルトリコ人にとって実際にうまくいくような楽園である。

問題は、彼が言うには、「プエルトリコの人びとは大きなことについて考えることにとても臆病なんです。わたしたちは夢を見ているべきではない、自分たちを統治することすら考えるべきではないとされているんです。デカイことを思い描くという伝統がないんです」。彼によればこれが、植民地主義の最も苦い遺産なのだそうだ。

植民地主義的実験の根本にある蔑視的態度は、ハリケーン・マリアに対する公式の対応（そして不対応）によって何重にも強調された。プエルトリコ人は、自分たちには相対的な価値しかないのだ、最終的に自分たちはどうなってもよいのだという、あの聞き慣れたメッセージを、屈辱とともに何度も繰り返し受けとってきた。さらにこの地位を確認するかのように、政府はどのレベルにおいても信憑性のある死者数の調査方法をもたず、そのことはあたかも、失われたプエルトリコ人の命にはほとんど価値がないのだから、大量に失われたところで記録する必要などないのだ、と言っているかのようだった。これを書いている時点では、公式発表によるハリケーン・マリアの関連死者数は六四にとどまっているが、プエルトリコの報道調査センターと『ニューヨーク・タイムズ』による綿密な調査によれば、実際の死者数は一〇〇〇を超えるとされた。プエルトリコの知事は、独自に厳密調査を行い公式の死者数を見直す予定であると発表した〔ハーバード大の調査では少なくとも四六四五人にのぼるとされ、これを受けてロセジョ知事は二〇一八年八月末に公式死者数を二九七五へと修正した〕。

しかしこうした痛ましい発見の裏にはもうひとつの発見があった。プエルトリコ人は、今では一点の曇りもなく、自分たちの関心を第一に考えて動いてくれる政府など存在しないことを悟ったのだ。知事の豪邸にも、非選挙の財政管理委員会（多くのプエルトリコ人が初めは汚職を一掃してくれると思い歓迎した）にもそんな政府など存在せず、そしてワシントンでは現職の大統領がペーパータオルロールを群衆に放り投げることが救援と慰安だと考えているありさまだった。このことが意味するのは以下のことである。もしプエルトリコで、人びとの利益を第一に考えた、まったく新しい実験が行われることがあるとすれば、それはプエルトリコ人自身が——カーサ・プエブロの設立者アレクシス・マッソル＝ゴンザレスの言葉を借りれば「底辺から頂上まで」——それを夢見て、その実現のために闘わなければならないのだ。

彼は、人びとがその役目をこなす準備は整っていると確信していた。そして皮肉にも、それは部分的にはハリケーン・マリアのおかげだった。ハリケーンに対する公式の対応があれほどまでに緊迫感に欠けていたからこそ、現地に住むプエルトリコ人も、離散（ディアスポラ）したプエルトリコ人も、自分たちを驚くべき規模で組織することを余儀なくされたのだ。カーサ・プエブロは数多いそれらの一例にすぎない。ほとんどなにも資源がない状況で、地域共同体は大規模な共同の台所を整備し、多額の資金を集め、物資を調整して分配し、道路の障害物を除去し、学校を再建したのだ。退職後の電気技術者たちの支援を得て電気の供給を回復した地域もあった。

　これらすべては、本来市民自身がしなければならないことではなかった。プエルトリコ人が払っている税金は――アメリカ国税庁はプエルトリコから年間三五億ドルを徴収している――FEMAと軍事資金の元手となり、それが緊急時にアメリカ市民〔プエルトリコ人も含む〕を助けることになっているはずだ。しかし自分たちで自分たちを助けなければいけないという状況に追い込まれたことの一つの帰結として、多くの共同体が、自分たちですら気づいていなかった強さや力の底深さを知ることができたのだ。

　今やこの自信は急速に政治の領域に染み出しており、ファン・E・ロサリオが以前はあれほどまでに難しかったと言っていたことを実行しようという渇望がプエルトリコのますます多くの集団、そして個人のあいだで、生まれてきたのだ。すなわち、自分たちの大きな考えを、自分たちのためにヤってくれる（パフォームズ）楽園の島という夢を思い描くことである。

「魔法の地へようこそ」

そびえたつ滝と透きとおった天然のプール、目を見張るほどの緑生い茂る山頂で知られるプエルトリコの壮観な中央山岳地帯の活気に溢れた公立学校、そして丘陵に刻み込まれた有機農場を訪れたときにわたしを待っていたのは、この言葉だった。

いまだハリケーン・マリアによる痛ましい傷の癒えない地域を通る一時間半のドライブを経てたどり着いたその場所は、奇妙にも喜びに満ち溢れているように思えた。子供たちは笑顔で豆を収穫したり、ひまわり畑を歩きまわったりしていた。若者たちは木材を切り出し、ときおり作業を止めて農場の最大限の資質を引き出すためにはどうしたらよいかについての意見を交換しながら、せわしなくいくつもの新しい構造物をつくっていた。そして、いまだに多くの人びとが政府の不十分な食糧支援に頼らざるをえない地域にありながら、ここでは年配の女性たちが山のような野菜と魚を使って、豪勢な共同の食事を準備していた。

そこでのあまりに前向きな雰囲気と否定しがたい効率のよさは、カーサ・プエブロを訪れたときと似た感覚をわたしに抱かせた――まるで、環境面でも経済面でもハリケーン・マリアの教訓が大いに生かされている平行世界のプエルトリコへと続く入口に足を踏み入れたかのような、あの感覚だ。

「わたしたちはアグロエコロジーにもとづいた農法を用いています」。ほうれん草やケール、コリアンダー、そのほか多くの作物が並ぶ畑を指差しながら、ダルマ・カルタヘナはわたしにそう語った。

「三年生から八年生までの子どもたち〔プエルトリコの教育制度では八歳から一三歳まで〕が、この仕事、この美しい仕事の担当なんですよ」

カルタヘナ――編み込まれた灰色の髪と神々しい笑顔が特徴的な、専門教育を受けた農学者――が最も熱意を込めて話したのは、彼女の生徒たちにとって、自然界が自分たちに突然襲いかかってきたかのような、あのどう猛な嵐のトラウマを克服するために、農業が大きな助けとなったということについてだった。立ち並ぶ薬用の花々に指でそっと触れながら、彼女は言った。

「マリアの後、わたしたちは生徒たちに植物を触り、そして植物に自分を触ってもらうように勧めたんです。なぜなら、それが苦痛と怒りを鎮めるよい方法だからです」

自分で種から育てた植物が育つのを見ることは、生徒たちに、嵐によってあれだけの被害がもたらされたのにもかかわらず、「あなた自身が、あなたをいつも護ってくれるものの一部である」ということを思い出させてくれる。自分たち自身と土地とのあいだの目に見える亀裂が癒え始めるのだ。

一八年前、カルタヘナは、プエルトリコ教育省の「農業教育プログラム」の一環として、オロコビス市に位置するこの農場の責任者となった。農園は、エスクエラ・セグンダ・ウニダード・ボティハスⅠという地元の規模の大きい中学校［クラインはミドル・スクールと書いているが、プエルトリコの「セグンダ・ウニダード」と呼ばれる教育機関には五歳から十四歳までの児童が通う］と小径ですぐにつながっており、生徒たちは毎日一定時間を農園で、カルタヘナが窒素循環や堆肥にいたるまであらゆる物事を説明するのを聞きながら過ごす。こぎれいな制服と泥の固まった長靴に身を包んだ生徒たちは、「アグロエコロジー」、つまり、回復力の強さと生物多様性を重視し、殺虫剤やその他の有害物質の使用を避け、農業従事者と地域の共同体との社会関係の再建を目指す、伝統的な農法の実践的技術も学ぶ。

学年ごとにそれぞれ別の作物を、種から収穫まで面倒を見る。育てた作物のうちのいくらかは学校の食堂で提供され、いくらかは市場で売られ、ほとんどは生徒が家へ持ち帰る。

重たい黒ぶち眼鏡ごしに集中して山積みになった豆のさやを摘み取りながら、一三歳のブリタニー・ベリオス・トーレスは、「うちのお母さんが料理するけど、お母さんがおばあちゃんにあげることもあるの。そしたらお母さんは『娘になにをつくろう』って悩むこともないでしょ」と話し、島でこれほどまでに必要とされるこの仕事に従事することについて「わたしたちは人類に命綱を投げているように感じるんです」と言った。

このような状況を鑑みると、この公立学校の農園はプエルトリコのほかの農園とくらべて特殊であると言える。スペイン支配下で最初に確立された奴隷制プランテーション経済の遺産を引き継いで、プエルトリコの農業の大部分は工業的な規模で行われており、多くの作物が輸出あるいは試験のために育てられている。プエルトリコ人の実際に食べる食料のおよそ八五％が輸入されたものだ。

政府が何度も閉鎖しようとしたこの独特な学校をもって、カルタヘナはそのような外部への依存が不要であるのみならず、ある種の愚行ですらあるということを証明しようと心に決めている。農業技術と、丹念に保存され地域に合うように改良された数々の種を用いることで、現行の、そしてこれからの有能な農家のための土地さえ十分に残っていれば、プエルトリコ人は自分たちの肥沃な土壌で育てられた健康な食材を自給することができると、彼女は確信しているのだ。

この自給自足の教訓は、ハリケーン・マリアの後の状況においてきわめて現実的で急を要するものになった。ちょうどこの動乱がプエルトリコの輸入に依存した高度に中央集権的なエネルギー・システムの重大な危険性を明らかにしたように、それはまた食料供給の異常な脆弱さをも浮き彫りにしたのだ。国土に点在する、バナナ、プランテン〔甘みの少ない野菜のように食べられるバナナの近種〕、パパイア、コーヒー、とうもろこしなど単一の作物のみを育てる工業的な大規模農園は、まるで大鎌で平らにされたかのようだった。プエルトリコ農業省によれば、作物の八〇%以上が嵐で一掃されてしまい、二〇億ドルほどの経済的打撃を与えたそうだ。

環境地理学者でアグロエコロジー農業を支持するカティア・アビレスは、「旧来的な農園主の多くが今、莫大な土地を所有していながら、無一文になってしまった」のだとわたしに説明した。「彼らがなにも収穫することができないのは農業省の指示に従ったため」であり、単一の打たれ弱い商品作物に文字通り農園の命運を賭けたためだった。

一方で食料の輸入もまったくうまくいっていなかった。サンファアン港は混乱を極め、切実に必要な食料や燃料の詰まったコンテナは開けられることもなく置き去りにされた。多くのスーパーマーケットの棚は、何週間ものあいだ、空っぽだった。オロコビスのような遠隔地は最悪の状況に直面した。道路が塞がり燃料も不足したために孤立し、救援の食料が届くまでに最低でも一週間、場合によってはそれ以上を要したのだ。そして届いてみれば、多くの場合、食料援助は驚くほど不十分なものだった。それは軍隊式の配給(レーション)だったり、今となっては悪名高い、FEMAによるスキットルズ〔フルーツ味のキャンディ〕、食肉加工品、そしてチーズ・イット〔アメリカでポピュラーなスナック菓子〕の詰まった箱といった代物だったからである。

しかし、カルタヘナの小さな農園では栄養価の高い食事を共有することができた。嵐は温室と野外教室をめちゃめちゃにし、バナナは風に持っていかれてしまった。しかしトマティーヨや根菜類――地上あるいは地中に育つほとんどすべてのもの――など、生徒たちが植えた作物の多くは無事だった。

「農園を閉鎖することはしませんでした。わたしたちはここにとどまって作業をしました。片づけをしたり堆肥をつくったり、わたしたちなりにできるやり方で」、そうカルタヘナは語った。数日のうちに、生徒たちは徒歩で山を越えて手伝いに来たり、家族のもとに食料を持っていくようになった。さらに、ミツバチを呼び戻そうと花を植えた。

ほかの支援もあった。わたしが訪れた日には、カルタヘナと彼女の生徒たちが農園を再建し作物を植え直すのを手伝うために、合衆国、中央アメリカ、カナダ、そしてプエルトリコ国内から集まった三〇人ほどの農業従事者たちで賑わっていた。この訪問者たちは、農園から農園へと渡り歩き、鶏小屋や温室そのほかの屋外施設を再建したり、農作物を植え直すのを手伝ったりしている、プエルトリコに押し寄せる国際「旅団」の一部をなす人たちだった。プエルトリコのオルガニザシオン・ボリクア・デ・アグリクルトゥア・エコロジア、アメリカに拠点を置く気候正義連盟、そして小作農と小規模農園のグローバルなネットワークであるビア・カンペシーナなどによって組織された野心的な試みである。

環境正義を支持し食料主権のために活動を行うこの旅団の、地域での調整役であるヘスス・バズケスは、カルタヘナの経験がけっして彼女だけのものではないのだと教えてくれた。ハリケーン・マリアの後、島中で農業従事者たちと地域の共同体の人びとが助け合った。そして、伝統的な農法――多様な作物を植えたり、長い根を張る木々や草によって地すべりや浸食を防いだりなど――を用いていた数少ない農園だけが、島中でも希少な新鮮な食料を得ることができたのだ。

ユッカ、タロイモ、サツマイモ、ヤムイモ、そのほか数種類の根菜は、栄養価が高く、プエルトリコ人の食事において不可欠であるが、強風も触れることのできない地中に育つため、ほとんどが嵐による損傷をほぼ無傷で切り抜けた。「ハリケーンの翌日に食材を収穫している農家もいました」、そうバズケスは振り返る。そうした農家たちは数週間のあいだに、売るか、あるいは地域の共同体で配るための数十キロもの食料を収穫していた。

アビレス、バズケス、そしてカルタヘナはいずれも、オルガニザシオン・ボリクアという、何世代にもわたって、アビレスの言葉を借りれば「農民（カンペシーノ）から農民（カンペシーノ）へと」受け継がれてきたプエルトリコの伝統的な農法を用いる農家のネットワークと協働していた。しかし農民（カンペシーノ）の生活を未発展状態と決めつけ、何十年にもわたりアメリカからの輸入品を受け入れる魅力的な市場へプエルトリコをつくりかえてきた合衆国政府の政策を経て残ったのは、アビレスによれば、この列島の中で人の住む三島に点在するこれらのアグロエコロジー農園という「島々」だけだった。

二八年ものあいだ、オルガニザシオン・ボリクアはこれらの農園の利益のために働きながら、アグロエコロジーがプエルトリコの人口全体に対して「量・質ともに十分で、高価すぎず、栄養価も高く、文化的に適切な食材」を供給するためのシステムの根幹をなすべきだと声を大にして主張することで、お互いの島々をつないできたのだとバズケスは説明した。この組織はまた、輸入される食料のほとんどすべてがフロリダ州ジャクソンヴィルの一つの港から送られ（この港自体も二〇一七年九月のハリケーン・イルマで大きな被害を受けた）、およそ九〇％の食料がサンファン港一箇所に届くという、プエルトリコの高度に中央集権化されたシステムによって、食料供給に詰まりが引き起こされる危険性について警鐘を鳴らしてきた。「わたしたちは運動のなかで常に、気候変動を考慮すると、このことは問題だと言ってきました」、そうバズケスは語った。つまるところ、港になにかが起きたとすれば、「そのときはわれわれ皆の命運が尽きたということなんです」

敵に回さなければならない農業関連企業のロビー活動の影響力の強さを鑑みれ

ば、こうしたメッセージを公衆に届けることは厳しい闘いだった。敵対者たちは、こうした運動家たちが時代遅れの遺物であり、その一方で食料輸入とファストフードは近代化の化身であるかのように喧伝した。しかし、地域の地質を整理しなおすほどの力をもったマリアは、政治的な地政学をも変えてしまったのである。

これほど肥沃なこの島にとって、みずからの農業のシステムの制御を失ってしまったことが、ほかの多くの制御不能の事態と並んでどれほど危険であるかを、一夜にしてみなが明白に見てとることができた。「わたしたちには食料もなく、水もなく、電気もなく、なにもありませんでした」、そうアビレスは振り返る。しかし伝統的な農場が残っていた地域の人びとは、アグロエコロジーが古風な過去の遺物などではなく、険しい未来を生き抜くために必要不可欠な道具であるということを知ることができたのである。

オルガニザシオン・ボリクアは現在、自分たち自身の自給自足の「島々」を築こうとしているほかの多くの人びと——農園だけでなく、カーサ・プエブロのような太陽光発電のオアシス、さらには相互支援センター、そしてプエルトリコ人が国際的な資本に立ち向かって自分たちの経済と公的機関をつくりなおすための計画を立てる教育者と経済学者たちのグループなど——と合流しようとしている。この草の根のプエルトリコ人の運動のネットワークは互いに結束し、一四九三年にこの島々がスペインの植民地となって以来いかなるときにもなかったほどに、住民たちがみずからの運命を決めるにあたって大きな役割を担うことができるような新しいプエルトリコをつくるための計画を打ち出そうとしている。「闘いは一つしかないんです」とカティア・アビレスは言った。「つまり、わたしたちが確実に正しい方法で立ち上がり、将来、今回ほど激しく転んでしまうことがないようにするにはどうしたらよいかということなんです」

　そしてまた次の危機は来るだろう。わたしは、UPROSEというブルックリンで最も歴史のあるラティーノの地域活動組織の常任理事であり、気候正義旅団の一員としてプエルトリコに滞在していたエリザベス・ヤンピエールと話した。彼女は、あと数ヶ月でまたハリケーンの季節が始まることを知っていて、心配していた。「プエルトリコで起こったことを、気候変動を抜きにして語ることは不可能」であり、なぜなら、海水温を上昇させて海面上昇を引き起こした気候変動が、さらなる記録破りの嵐を呼ぶことは確実だからだ。

「これが最後の嵐だ、もう極端な天候異常がふたたび起こることはない、などと考えるのは愚かしいことでしょう」

彼女はまた、プエルトリコ人が——どの種子や木々が極端な天候を生き残ることができるかという、この土地で長く守られ引き継がれてきた知識、またこれらのショックに耐え得るエネルギーの種類や強固な社会構造に関する知識を頼りに——この島々にとってだけでなく、世界にとってのモデルを生みだそうとしているのだと語った。そのことが、「気候変動がまさにここで起こっているという事実に対してどのように準備するかを真剣に考え始める」助けとなるのだ。

しかし、もしプエルトリコの人びとの運動がそのような地球規模での指導的役割を演じようというのなら、急がなければならない。なぜなら、ハリケーン・マリアの後でプエルトリコを根本的に変革する計画を立てているのは、そのような人びとだけではないからだ。

ショックの後のショックの後のショック・ドクトリン

わたしがオロコビスであの入口に足を踏み入れた日の前日、リカルド・ロセジョ知事は、アメリカ合衆国とプエルトリコの国旗に挟まれた自分のデスクでの演説をテレビ放送した。「逆境を乗り越えながら、わたしたちは新しいプエルトリコを建てる大きな機会を見つけたのです」、そう彼は告げた。その第一歩は、合衆国で最大の公営電力会社であり、数十億ドルの負債を抱えながら、なおも最も多くの歳入をもたらす、プエルトリコ電力公社(PREPA)を即座に民営化することだった。「わたしたちは、発電システムを近代的かつ効率的で住民に負担を強いないものへと変える諸企業に、PREPAの資産を売却する予定です」、そうロセジョは言った。

これは同じような宣言をいくつも装填したマシンガンの最初の一発だったということがやがて明らかになった。二日後、如才ない、テレビ映えするこの若い知事は、彼の待望の「財政計画」をお披露目した。そこには、三〇〇以上もの学校を閉鎖すること、そして合計一一五ある政府行政部門組織の三分の二以上を閉鎖し、たった三五へと減らすことが盛り込まれていた。ケイト・アロノフがインターセプト〔一二二頁参照〕に報告したように、これは「この島々の行政国家を解体することに等しい」のである（だから、トランプ政権下のワシントンにロセジョを賛美する者たちがたくさんいることになんら驚きはない）。

その一週間後、知事はまたテレビ出演し、教育制度を改革して私営の特別認可学校〔地方自治体の認可を受けることを条件に公的援助を受けた、保護者や地域団体などにより運営される学校で、自由なカリキュラムを組むことが許される〕や民間の教育バウチャー〔生徒や保護者に配布することで選択の幅を広げることを狙いとした、教育目的で利用できる券で、例えば私立校に通う資金をこれでまかなうことができる〕を解禁する計画を発表した――この案は過去数度にわたりプエルトリコの教員や保護者たちに拒絶されていた。

緊急事態を意図的に利用し、急進的な、企業優遇の議題を押し通すことを、わたしは以前「ショック・ドクトリン」と呼んだ。そしてそれは今プエルトリコで、ハリケーン・カトリーナの直後、まだ住民たちの多くが戻れず街が空っぽのニューオーリンズで公立学校制度と多くの貧困層の住宅事業が解体されて以来の、最もむき出しのかたちで演じられているのである。そしてプエルトリコの教育長官で、元マネジメント・コンサルタントのジュリア・ケレハーは、どこからインスピレーションを得ているのかを隠そうとすらしない。ハリケーン・マリアの一ヶ月後、ケレハーはニューオーリンズが「参照点」となるべきであり、そして「われわれは、被害も、新しくよりよい学校をつくる機会も、過小評価するべきではない」とツイートしたのだ。

ショック・ドクトリン戦略の中心にあるのはスピードである——急進的な変化の疾風を追いつけない速さで突き通すのである。したがって、たとえば、全体としてもわずかなメディアの注目のほとんどがロセジョ知事の民営化計画に注がれていた一方で、同じくらい重要な規制や独立監視機関への攻撃——それらは知事の財政計画に含まれていた——はほとんど気づかれずにすり抜けていったのだ。

そしてこのプロセスは完結したと言うにはほど遠い。高速道路、港、フェリー、水道、国立公園、そしてそのほかの保護地域など、来るべきさらなる民営化については盛んな議論が進行中だ。プエルトリコの経済開発商務庁長官マヌエル・ラボイは、インターセプトに対して、電気はたんに始まりにすぎないのだと語った。「同様のことがほかのインフラ部門においても起こるだろうとわたしたちは期待していますよ。完全な民営化かもしれないし、真のPPP（パブリック・プライベート・パートナーシップ）［官民協働事業］モデルとなるかもしれないですね」

こうした計画の急進的な性格とは裏腹に、プエルトリコ社会からの反応はいくぶん静かなものだった。ロセジョ知事の矢継ぎばやな宣言の第一波に対して、大規模なデモが行われることはなかった。彼の、国家を抜本的に縮小し年金を引き下げる計画に対してストライキが行われることもなかった。自由至上主義（リバタリアン）の夢の国を建てるために洪水のように流れ込んできたプエルトピア人たちに対する蜂起も起こらなかった。

とはいえプエルトリコには、人民による抵抗の豊かな歴史と、いくつかの非常に強力な労働組合がある。では一体どうしたというのだろうか？　まず理解しなければいけないのは、プエルトリコ人がショック・ドクトリンをただ一発の極端に強い打撃として受けているのではなく、層をなして重りあう二発、あるいは三発におよぶ打撃として経験しているということだ——この新しく、おそろしい混淆を伴う戦略が、抵抗をきわめて難しくしているのである。

わたしと話した多くのプエルトリコ人が、この物語の最新章は、実のところ、合衆国の製造業者たちをプエルトリコに惹きつけるためにとられていた税制優遇措置が二〇〇六年に失効し、壊滅的な資本流出が起こった（そして税の優遇に軸足を置いた開発政策がいかに不安定かを示した）ときに始まったのだと語った。これはプエルトリコの経済にとって相当の打撃となったため、二〇〇六年五月には、すべての公立学校を含んだ大部分の政府機関が一時的に閉鎖された。それが最初の打撃だった。二番目の打撃は、二年も経たないうちにグローバルな金融システムがメルトダウンを起こし、すでに十分進行していた危機を劇的に悪化させたときに訪れた。

破産して必死なプエルトリコ政府は借り入れに頼ることとなり、その一部は、プエルトリコの特殊な税制上の立ち位置を活かして、連邦、州、市のいずれの税も免除された公債を発行することによってまかなわれた。政府はまた、利息が徐々に積み重なり七八五%から一〇〇〇%までにもなる、リスクの高い資本増加債〔定期的に支払いを行うのではなく、満期時に一括して元金と複利式で計算された利息を支払う地方債〕に手を出した。大部分がこの種の略奪を目的とするような金融商品によって、多くの専門家がプエルトリコの憲法にしたがえば違法であると指摘する条件のもとで資金を借りたことで、プエルトリコの負債は膨れあがった。弁護士のアルマンド・ピンタードが集めたデータによれば、銀行界に支払われた利息とそのほかの利益を含めた債務元利払いは、二〇〇一年から二〇一四年のあいだに五倍に膨れ上がり、二〇〇八年にはとくに顕著な急増を見せた。このことはプエルトリコの経済に対するもう一つの打撃となった。

あとはもう十分お馴染みなショック・ドクトリンの物語の通り、危機がつくりだした雰囲気は窮地に立たされた人びとに冷酷な緊縮政策を強いるために利用された。二〇〇九年、プエルトリコ知事は経済的な「緊急事態」を宣言する法律を通し、その法律を利用して一七〇〇〇人以上の公共部門の労働者を解雇し、協定によって取り決められていた手当や昇級を廃止した――すでに失業率が一五％に達していたときにである。イギリスからギリシアにいたるまで、近年こうした政策が行われたいずれの地域の例においても見られたように、これによってプエルトリコが成長と健全さを取り戻すことはなかった。むしろ、より深刻な失業、景気後退、そして破産へと突き落とされたのである。

二〇一六年にアメリカ合衆国議会がＰＲＯＭＥＳＡ法〔プエルトリコ監視・管理・経済安定化法〕を通し、プエルトリコの財政を新しく設立された財政監視・管理委員会の制御下に置くという思い切った手に出たのは、このような文脈においてだった。委員会は合衆国大統領によって任命された七人から成り、そのうち六人はプエルトリコに住んでいないようである。債務支払いのためにプエルトリコの財産を売り飛ばし、すべての主要な経済的決定に許可を与えるという使命を実質上託されたこの委員会は、プエルトリコでは、「臨時政府（ラ・フンタ）」として知られている。多くの人びとにとって、この呼び名は、委員会が財政上のクーデターのような事態を象徴していることの証左である。プエルトリコ人――大統領にも国会議員にも投票する権利がないのにもかかわらず、合衆国の法の下で生きることを強いられた人びと――は、すでに基本的な民主的権利を剥奪されていた。選挙で選ばれたプエルトリコの地域の代表たちによる決定を拒否する権限が財政委員会に与えられたことで、プエルトリコ人は、なんとかして手に入れた小さな権利ですら失いかけており、このことはむき出しの植民地支配の回帰を意味している。

驚くまでもなく、財政管理委員会はすぐにプエルトリコにこれまでよりもさらに過酷な節制を強いた。年金と医療を含んだ公的サービスの大幅な削減、および長大なリストの民営化を要求した。この時期には学校制度がとくに大きな打撃を被った。二〇一〇年から二〇一七年のあいだに、およそ三四〇の公立校が閉鎖された。芸術や体育科目は多くの小学校で実質廃止された。そして委員会はプエルトリコ大学の予算を半分に削減する案を発表した。

プエルトリコの債務危機についてハリケーン・マリア以前から大規模な研究プロジェクトを実施していたラトガース大学准教授ヤリマール・ボニラは、プエルトリコ人が「すでにショックの状態に置かれていたこと、そしてそこではすでに過酷な経済政策がとられていた」ことを考慮せずに、ハリケーン・マリアの後のショック・ドクトリン戦略を理解することはできないのだとわたしに語った。「政府も、人びとの政府に対する期待も、すでに大きく削りとられていたのです」。彼女が言うには、二〇一七年の上半期までに、すでにサンファンの一部はハリケーンに襲われたかのような状態になっていた——窓ガラスは割れ、建物には板が張られていた。しかしそれは嵐による被害ではなく、負債と緊縮財政のせいだったのである。

しかしこの物語のなかでおそらく最も重要なのは、二〇一七年まで、プエルトリコ人は団結と闘争によってこのショック・ドクトリン戦略に抵抗していたということである。早い段階からすでに抵抗は行われており、そのなかには二〇〇九年のゼネストなどがあった。しかしハリケーン・マリアに見舞われる前の数ヶ月間にプエルトリコが見せた抵抗の一部は、その歴史において最も強力な、最も団結力に満ちたものだった。

独立した負債監査機関を求める民衆運動は、原因が綿密に調査されれば、プエルトリコが負っているとされる七〇〇億ドルを越える額の負債の六〇%ほどがその憲法に反するかたちで蓄積されたものであり、それゆえ違法であるということがわかるだろうという確信に後押しされ、急速に支持を拡げていた。そしてもし負債の大部分が違法であるならば、それは帳消しになるべきであるのみならず、財政管理委員会が解体される必要が生じ、負債を緊縮政策とさらなる民主主義の弱体化を強いるための武器として利用することはできなくなる。「負債監査のための市民活動」の広報エバ・プラドスによれば、ハリケーン・マリアまでの一年間、一五万人ものプエルトリコ人が負債監査を求める声明に署名し、数千人が「光と真実」を求める徹夜祭に参加したという。

そして次に、緊縮政策に対する反乱が起こった。昨年〔二〇一七年〕の春、プエルトリコ大学の十一のキャンパスの学生たちは、数々の緊縮案に加え、大学の予算が大幅に削減されるなかで授業料を値上げする計画に対する抗議として、二ヶ月以上にわたる歴史的なストライキを決行した。大学予算の削減は必要不可欠なサービスに対する違法な攻撃だとして、教員のグループは財政管理委員会に対して大規模な訴訟を起こした。そして二〇一七年五月一日に、プエルトリコの多くの労働運動や社会運動が一つの怒りの声として結集し、およそ十万人もの人びとが緊縮政策の停止と負債監査機関の設置を求めて路上に出た——これは、複数の見積もりによれば、プエルトリコ史上二番目の規模の抗議活動となった。

この運動が権力側をうろたえさせたのは明らかだった。いくつもの銀行が破壊された後、政府は五月一日の反緊縮運動に関わった主要団体の厳しい取り締まりを始め、高額の訴訟と、複数の活動家の逮捕によって脅しをかけたのだ。

この激烈な抵抗の雰囲気のなかで、多くがロセジョ知事の辞任を求めるなか、いくつかのさらに苛烈な計画は失速したようだった。大学予算の削減は、そのほかのさらなる高額な民営化案とともに、見直しの対象となった。一方、教育長官は閉鎖する予定の公立校の数を減らすことを強いられた。すべての闘いが勝利に終わったわけではなかったが、ショック・ドクトリンによるプエルトリコの全面的な改造は、闘争なしには起こりえないのだということは明らかになっていた。

そこにハリケーン・マリアが来た。そしてこれらのすでに拒絶された政策が、カテゴリー五〔ハリケーンの強さの単位。五は最も強い階級〕の獰猛な轟音とともに戻ってきたのだった。

悲観、苛立ち、絶望、そして立ち退き

この最新の、ショックに次ぐショック・ドクトリンによるやり方が実際にうまくいくのかどうかはまだわからない。もしうまくいったとしたら、その理由はプエルトリコ人が突然こうした政策を圧倒的に支持したからではない。それは、嵐の凄まじい衝撃が何百万人もの人びとの生活を解体し、嵐の前に見られた反緊縮のための連立を再建することを非常に困難にしてしまったからだ。

今まさに利用されている極端なショック状態を四つのカテゴリーに分けて考えることは有益だろう。その四つとは、悲観、苛立ち、絶望、そして立ち退きである。

悲観という言葉によって意味するのは、救援と再建のための努力があまりにも遅く無能で、あまりに腐敗にまみれているために、多くの人びとの心に、現状こそが最悪の状況なのであるという感覚を植えつけてしまったことだ。このことは電力に関して顕著である。電力供給を回復した場合でも、多くが定期的な停電を経験している。さらに人びとは、PREPA（電力公社）がひどい破産状態にあり料金を支払うことができないため、全島がいつ暗闇へと逆戻りしてもおかしくないという知事からの脅しを日々聞かされている。島の一部の地域では、同様の理由で水は配給制となっている。このような状況が、民営化という見通しをより好ましいものであるかのように見せているのだ。現状がこれほどまでに擁護しようのないものであるため、どんな方策でも改善であるかのように見えてしまうのである。

　これに関連するのが苛立ちである。プエルトリコの日常生活はいまだに厳しい闘いだ。損傷した家は修理しなければならないし、複雑な官僚制度のせいで、援助を受けるための交渉には非常に時間がかかる。電気や水道がいまだに通じていない人びとにとって、救援を受けるために必要な手続きには終わりが見えない。多くの職場が閉まったままであり、そのことは料金の支払いを、もし可能であったとしても、物資調達の上での、さらなるとてつもない障害にしてしまっている。これらすべてを組み合わせると、多くのプエルトリコ人にとって、起きて動いている時間のすべてが生存のための努力にとられてしまうのだ——それにより政治的活動に従事するには好ましくない、苛立った状態に置かれてしまうのである。

多くの人にとって、ただ生き延びるための負担が重すぎ、未来の見通しがあまりに暗澹としているため、深い絶望が立ち込めている——それは実に伝染病のような広がりを見せている。二四時間利用可能の精神保健福祉ホットラインは、ハリケーン・マリア後の数ヶ月間、自分の命を奪うつもりだと真剣に訴える電話への対応で手一杯となった。政府の報告によれば、二〇一七年一一月から二〇一八年一月のあいだにこのホットラインに電話をかけた三〇〇〇人以上が、すでに自殺を試みたことがあったと述べたそうだ——前年から比べると二四六％の増加である。

ハリケーン・マリアはもちろん壊滅的な被害をもたらしたが、ヤリマール・ボニラによれば、これらの数字はハリケーンの衝撃のみならず、多くの複合的な打撃の影響を示している。「プエルトリコ人はすでに合衆国との植民地主義的な関係においてすさまじいトラウマを経験していた」のであり、近年の例では債務危機がそれにあたる。そこに嵐がやって来て、すでに多くの家庭が人知れず苦しんできた苦難を暴露したのである。屋根が損壊した家々を覗き込む映像を見ながら、プエルトリコ人はお互いの生活を観察することとなり、そこに嵐による損害のみならず、鞭打つような貧困、治療されない病気、そして社会的孤立を見たのである。ボニラが言ったように、「かつては喜びで知られたこの地を、本当の悲しみが覆っている」のである。

今、路上で暴動は起こっていないかもしれないが、それは合意を意味するものだと勘違いしてはいけない、とボニラは言った。受動的に見えるのは、少なくとも部分的には、相当の苦痛が内へと向けられていることとの結果なのである。

この絶望的な状況は、数十万人ものプエルトリコ人たちに、単純に国から立ち退くという苦しい選択を強いた。そうした人びとは、ニューヨーク、フロリダ、その他アメリカ本土の各地へと向けた飛行機へと日々姿を消していく。そのうちの多くはFEMAによって「空の橋」と呼ばれる、人びとを空路であるいはクルーズ船でプエルトリコから運び出す支援を直接受けている。本土に着けば人びとはホテル代を援助された（支援期間は三月二〇日までと定められた）。

ボニラはこの方策が政治的選択によるものだと言う――ハリケーン・カトリーナの後、ニューオーリンズの住民が多くの場合片道のみの飛行機やバスの切符を与えられ遠くの州に送られた、あの街の人口構成を恒久的に変えてしまった選択が政治的なものだったのと同じである。

「この場所で人びとを支援したり、避難所を用意したり、電力供給システムを建て直して発電力を必要な場所へと届けたりする代わりに、人びとにその土地を去るように促しているのです」

避難という策がワシントンとプエルトリコ知事の事務所にとって非常に好ましいものであったかもしれないことには、いくつかの理由がある。ボニラの説明によれば、あれだけ多くの人びとがあれだけの短時間にプエルトリコから立ち退いたことは「政治的な安全弁として機能し、医療を切実に必要としていた人びとや、電気なしには生きていくことができず本当に難局に置かれていた人びとが単純に去ったおかげで、今は路上で抗議する人びとの姿を見ることがないのです」

この大移動（エクソダス）は、知事が投資家候補者たちに向けて得意げに語った「真っ白なキャンバス」をつくりだすのにも便利だった。エリザベス・ヤンピエールは、彼女と同郷のプエルトリコ人たちが合衆国に着いてからの受け入れと支援に携わってきた。だがわたしと島で話したときには、彼女の「最大の危惧」は、避難が壮大な土地収奪への序奏になるかもしれないことだと言っていた。

「あの人たちが欲しがっているのはわたしたちの土地であって、わたしたちの人びとはそこには必要ないのです」

わたしが話したほかの多くのプエルトリコ人たちも、自分たちがさまざまな方法で忍耐力の限界まで追いやられているのは、たんなる無能だけによるものではないのだと同様に確信していた。

嵐が来てから幅広く報道されているように、救援と復興努力は、ほとんどありえないほど破滅的な決定のノンストップの繰り返しとなっている。三〇万の食事を供給するための重要な契約は、すでに同様の事業で失敗歴もあり、たった一人で経営されているアトランタの会社の手に渡った（契約が打ち切られるまでに届けられた食事は五万人分のみだった)。切実に必要とされた救援物資は、何週間ものあいだサンフアンとフロリダの倉庫に置き去りになり、そのせいで一部はネズミに食われてしまった。電力系統を建て直すのに不可欠な物資は、理由は不明だが、同様に倉庫に置き去りになった。モンタナに拠点を置き、内務長官のライアン・ジンキとコネのあるホワイトフィッシュ・エネルギーが、電力系統を再建するための三億ドルの契約を得たときには正規雇用の社員が二人しかいなかった(この契約は後に解除された)。

ほかにも、常識的に考えてとられるべき処置がとられなかった。多くが指摘したように、トランプ政権は、破綻寸前の医療設備への負担を軽減するために、海に浮かぶ巨大な病院であるアメリカ海軍のコンフォートをただちに送ることもできた。だがその船が送られたのはしばらく経ってからであり、ほとんど空っぽのまま数週間そこに停泊した後、一一月には撤退を命じられ、まだ半分の地域では電力供給が回復していない島を後にした。またホワイトフィッシュのような信頼のおけない業者や、米軍侵攻後のイラクやハリケーン・カトリーナ後のニューオーリンズなどの災害地で暴利を貪った悪名高いフルアー〔テキサス州に本拠地を置く建設やエンジニアリングを請け負う会社〕のような不当利得者に頼る代わりに、ＰＲＥＰＡ（プエルトリコ電力公社）がほかの州の電力公社にプエルトリコへ技術者を送り再建を手伝うよう要請してもよかったはずだ――米国公営電気事業者協会の加盟者としてその権利は認められていた。にもかかわらず、ＰＲＥＰＡはその要求を出すまでに一ヶ月以上も待ったのである。

こうした決断の一つ一つが、最終的には覆された場合でさえも、回復への努力をさらに後退させた。これらはすべて、プエルトリコ人がウォール街によって処方される経済のための苦い薬を拒否できないほどに、確実に悲観し、苛立ち、絶望しているようにするための達人芸的な陰謀なのだろうか。わたしは、これがそれほど計画的なものだとは考えていない。こうした事態の多くは単純に、何十年にもわたって有能な労働者を解雇したり基本的なメンテナンスを怠ったりすることで、公共圏を骨抜きにした場合に起こることなのである。疑うまでもなく、ありふれた腐敗や縁故主義もこのことを助長している。

だが、多くの政府が公共サービスに関して、限界まで弱らせてから売り飛ばすという戦略をとってきたこともまた事実である。医療や交通、教育を極限まで削ぎ落とすことで、これらのサービスを売り飛ばすという選択も含めて、なんでも試してよいと思うほどの幻滅、絶望状態へと人びとを追い込むのだ。そしてもしロセジョ知事とトランプ政権が、救援と復興策の止むことのない失敗に対して驚くほどに無関心であるように見えるとすれば、そのような態度は少なくとも部分的には、物事が悪化すればするほど民営化への口実も説得力を増すという理解に基づいているのかもしれない。

再生可能エネルギーについて研究するプエルトリコ大学の大学院生モニカ・フロレスは、これら一連の経験を、まるで交通事故で車が大破する様子をスローモーションで見ているかのようだったと評した。ほかの大勢と同じように、フロレスは、自分の家を失い、車上生活を強いられ、友人宅でシャワーを借りているようなときに、こうしたシステム上の問題について考えるのは不可能だと感じたそうだ。

「自分が崩れないようにこらえるので精一杯なんです……そして人びとは恐れで、自分の居場所を見失ったことで、そしてただ生き延びることを考えなければいけないことによって動けなくなっているんです」

プエルトリコ人の多くは、基本的なサービスの民営化により達成される高い効率と低価格という約束が、自分たちの体験と照らし合わせると矛盾していると指摘する。民営電話会社のサービスはこの列島の多くの地域で不満の残るものだったし、九〇年代の上下水道の売却は環境面でも経済的にも大惨事となり、十年も経たないうちに逆の手立てがとられることとなった。多くの人びとが、このことが繰り返されるのではないかと危惧している——すなわち、もしPREPAが民営化されれば、プエルトリコ政府は重要な歳入源を失い、さらにその公社の残した数十億ドルにおよぶ負債を支払うはめになってしまうであろうということを。もう一つの危惧は、電気代が高止まりし、支払い能力の低い貧困地域や遠隔地などは電力系統へのアクセスを完全に失ってしまうかもしれないことである。

それでも、知事の提案は一部の人びとには説得的に見えるらしい。なぜなら、民営化は過酷な人道的危機に対してとりうる一つの解決策としてではなく、ただ唯一の解決策として提示されているからだ。カーサ・プエブロやコキ・ソラールが証明しようとしているように、これは真実からはほど遠い。力と富をプエルトリコ人の手に残しながら、プエルトリコの壊れて汚れた国営の電力公社を大きく改善するような——デンマークやドイツなどの国々でうまく導入されたような——エネルギーモデルはほかにもある。しかしそのような民主的なモデルを推進するためには、今まさにほかのたくさんの心配事で手いっぱいの住民たちによる政治参加が不可欠なのである。

だが、ハリケーン・マリアの後のショックへの抵抗の兆しが生まれつつあると期待できる理由もある。不屈の精神をもったプエルトリコ教員連合の会長メルセデス・マルティネスは、嵐が島々を縦横無尽に駆けめぐってからの数ヶ月間、保護者や教育者たちに向けて、学校制度を抜本的に縮小し民営化する計画は、彼ら彼女ら自身の疲れとトラウマをよりどころとしているのだ、と警告し続けた。

東部地域のウマカオ市にある閉鎖されたままの学校を訪れた際、彼女は地元の教員に対して、政府は「わたしたちが肉と骨でできていること――つまり人間は疲れ果てて気力を失うものだということをわかっているのです」と言った。だが、人びとが政府の戦略を見抜きさえすれば、それを倒すことは可能なのだと彼女は主張した。

「わたしたちの仕事は、自分たち自身を信頼さえできれば抵抗は可能なのだと知ることを、人びとに促すことなのです」。これはたんなる励ましにすぎないものではなかった。というのも、ハリケーン・マリアが去った後の数ヶ月、教育長官は数十もの学校を危険だとの理由で閉鎖したままにしようとしたのだ。教員たちは、これが学校を永久に閉鎖することへの序奏なのではないかと危惧した。

保護者や教員たち――多くの場合、自分たちで建物を修繕してきた人たち――は、何度も繰り返し、地元の学校を守る戦いに勝利した。「学校を占拠し、許可のないまま学校を再開し、保護者たちは道路を閉鎖した」のだと、マルティネスは振り返った。結果として、嵐の後に政府が永久に閉鎖しようとした学校のうち、二五以上が再開した。

知事の財政計画に何が書かれていようとも、どんな民営化法が制定されようとも、まだプエルトリコ人がショック・ドクトリンにうまく抵抗することは可能なのだとマルティネスが確信しているのはこのような理由による。とりわけ嵐の前の連立を再建できれば、それはなおさら実現可能となるだろう。

二〇一八年三月一九日、プエルトリコ中の教員たちは教育制度を縮小し民営化する計画に抗議するために一日のストライキを決行し、それはハリケーン・マリア以来はじめての大規模な政治的示威運動となった。そして本格的なストライキをめぐる議論は高まっていた。

わたしはマルティネスに、彼女の組織のメンバーたちが、すでに多くの苦難を経験してきた人びとの生活を乱すことになるであろう運動を実行に移すことを恐れているかどうか尋ねた。彼女はきっぱりと言った。

「そんなことはまったくありません。わたしたちが危惧しているのは、政府が学校を閉鎖し、教師たちを奪い、そしてすでに一番恵まれている人びとを優遇する民営化されたシステムを導入することで、子供たちの生活にさらなる苦難を強いることなのです」

主権の集まる島々

プエルトリコでの最後の日、わたしたちはもう一つの山に登り、さらにもう一つの入口に足を踏み入れた。わたしはプエルトリコ人のアーティスト、ソフィア・ガリサ・ムリエンテと一緒だった。彼女とわたしは、スーパーストームと呼ばれたハリケーン・サンディの後のロッカウェイズ〔ニューヨーク市クイーンズ区〕で、彼女がオキュパイ・サンディとして知られる草の根の救援運動に参加していたときにすでに出会っていた。

わたしたちは島の東岸の、足を踏み外しそうなほど細い道をよじ登り、多くの標識が落ちたままになっていたために何度も道を間違えながら、マリアナ村のコミュニティ・センターを探していた。とうとうわたしたちは道端に立っていた男に道を尋ねた。

「パンノキ祭りのことかな？　そこを行ったところだよ」

わたしたちがたどり着いた開拓地には、諸島のいたるところから集まった数百人もの人びとが、大きな白いテントの下で折り畳み椅子に座っていた。ここからは谷から海まで見晴らすことができ、ハリケーン・マリアがどこに最初に上陸したのかをはっきりと見ることができた。

道端での行き違ったやりとりからも予想がつくように、この場所は実のところ、でんぷん質で栄養たっぷりの大きな果実〔パンノキの実〕を祝う年に一度の祭りの会場であり、毎年、数百人もの人びとが、食べ物と音楽を求めてウマカオ市にあるこの村へと集まるのだった。しかし、この地域が食料の救援なしに取り残され、十日後にようやく届いた物資はスキットルズが詰まった箱のみだったという事態の後、祭りのための調理設備は別の目的へと転用された。普段は祭りのための調理に従事する女性たちが集まり、手に入る食料はすべてかき集め、毎日四〇〇人分ほどの温かく健康的な食事をつくったのだ。それは来る日も来る日も、来る週も来る週も、来る月も来る月も続いた。そして現在もなお続いているのである。

新たにプロイェクト・デ・アポヨ・ムトゥオ・マリアナ（マリアナ相互支援計

画）という名を与えられ、このセンターは、政府が失敗を続けるあいだに、プエルトリコ人たちがひっそりと成し遂げてきた奇跡の象徴となった。この事業は、食事を通じて地域の人びとを結びつけた共同の台所に加え、外に出向いて瓦礫を片づける部隊を組織し始めた。学校がまだ閉まったままだったため、次に子どもたちのための計画を練った。

嵐の一年前にフロリダ州立大学ビジネススクールでの職を辞してプエルトリコに帰郷した才覚溢れるクリスティネ・ニエベスは、この事業を支える勢力のうちの一人だ。彼女と、パートナーでミュージシャンのルイス・ロドリゲス・サンチェスは、コミュニティ・センターを、太陽光パネルと予備電源、Wi-Fiネットワーク、水フィルター、雨水貯水槽などを完備した機能的な拠点へと変えるために、プエルトリコ外の人脈を駆使した。

マリアナではまだ電力も水道も復旧していないため、山の上にある相互支援センターはもう一つのエネルギーのオアシスとなり、唯一そこで電化製品や医療機器に電力を供給することができた。ニエベスによれば、この事業の次の段階は、マイクロ・グリッド内の共同体のほかの建物へと太陽光発電を拡大することだという。

最大の課題は、人びとに、ほかの誰かが問題を解決するまで待っている必要はないと理解させることなのだと、彼女は語った――誰にでも今できることがあるのである。食料も水もないかもしれないが、それでも人びとにはそれぞれの得意とする知識があるのだ、と彼女は続けた。「電気に詳しいんですか？　実はちょうど、あなたにやってほしいことがあるんです。配管が得意ですって？」それもまた、有用な技能なのである。

こうして共同体の潜在的な可能性を発見していく過程は、ニエベスによれば、まるで「目を開けてみると突然、『あれ、ちょっと待って、わたしたちは人間だし、［今となっては］システムが機能しなくなったのなら、お互いに関係を築く方法はほかにもあるんじゃないの』」ということが見えるようになったようだったそうだ。

わたしがここへ来た理由はこの目覚ましい事業を見学するためだったが、それに加えて、この日はプロイェクト・デ・アポヨ・ムトゥオ・マリアナが、プエルトリコ中から数百の運動家や知識人たちを、そして合衆国や中央アメリカから数十の来訪者たちを招いていたからでもあった。反緊縮闘争に参加したプエルトリコ大学の教員たちの団体であるPAReSが主催したこのミーティングは、「災害資本主義に抵抗し、異なる世界を目指す」さまざまな組織や運動の集会として告知された。

これほどまでに幅広い範囲から諸団体が集まったのは、ハリケーン・マリアがすべてを変えてからはじめてのことだった。そして多くの参加者は、これがこの数ヶ月間ではじめて、一度身を引き、状況を見極め、戦略を練る機会であることを認識していた。PAReSのメンバーでありリオ・ピエドラス・キャンパスの教員代表のマリオルガ・レイエス・クルーズは、「このハリケーン・マリア後の瞬間に、お互いを見て、話し、この岐路において団結して異なる未来をつくることができるかどうかを見極めるために、わたしたちはこの集会を企画しました」と話した。

人びとはプエルトリコ滞在中にわたしが訪れたすべての平行世界から、この島々のなかにあるすべての隠れた島々から、この場所へと集まってきた。正しい支援さえ受ければ輸入品に頼らずとも地域の人びとへ十分な食料を供給できるのだということを示すべく決意したオルガニザシオン・ボリクアの農家たち。地域で管理される再生可能エネルギーへの迅速な移行を推進するための好機を掴んだカーサ・プエブロやコキ・ソラールの太陽光発電運動家たち。自分たちの学校の閉鎖を防ぐために地域共同体を組織した教員たち。そして連帯を誓い復興支援のために訪れた、疲れて泥まみれの旅団のメンバーたちの姿を、わたしは見た。

そこには昨年盛り上がりを見せた反緊縮運動の主要な指導者たち——学生ストライキの主導者たち、プエルトリコの負債の監査委員会の設置を求める弁護士や経済学者たち、長いあいだプエルトリコの経済をめぐる代替案を調べ続けてきた労働組合の指導者や学者たち——の姿もあった。

手短な歓迎式の後、企画者たちは議論のテーマを定めてから全員をより小さなグループに分け、山頂に散らばった。それぞれのワーキング・グループでの議論の断片が、おのずと聞こえてきた。「わたしたちにとって必要なのは、復興ではなく再発明だ」……「公的なものがあたかも内在的によいものであるかのように、ただ守ることはできない」……「私立学校を増やすことを進めるいかなる方策も一度停止するべきだ」……「公正な回復というのは、ただ災害にだけ対応するのではなく、災害の裏にある諸要因にも対応することだ」

この場面を見て、クリスティネ・ニエベスは、「自分たちでも見ていることに気づかなかった夢が叶った」ように感じたのだとわたしに言った。「わたしたちはこの瞬間を振り返ることになるのだろうと、わたしは思います」と彼女は付け加えた。それは、これほどまでに多様なグループが、そのほとんどは嵐の前にはお互いのことを知らなかったのにもかかわらず、「どのような代替案があるのかを考え、そして代替案の実現に向けて準備するために、この美しく、開かれた場所で」一致団結した瞬間だった。そして彼女らは、このときこそ、状況が絶望から可能性へと移行した瞬間だったのだと悟ることになるだろう。

それぞれのグループの議論の成果を共有するためにふたたび集まったときには、

新しい統合が生まれるのを見ることができた――あるいはすくなくとも、プエルトリコ人が直面するさまざまな前線が、大きな一つの全体へと収斂していく様子をよりよく理解することができた。負債は監査されなければならない、なぜならその適法性を疑問視することで、反民主的な財政管理委員会、そしてそこから発せられる終わりなき「構造改革」への要求のすべてを廃止するための論拠がより強固なものとなるからだ。そしてそれがきわめて重要なのは、プエルトリコ人は、自分たちには選ぶ権利のない団体の気まぐれに左右されている限り、自分たちの主権を行使することができないからである。

数世代におよび、ワシントンからの独立に賛成なのは誰か、民主主義的な権利を完備した五一番目の州になりたいのは誰か、現状を維持したいのは誰かといった問いをめぐる国家主権への闘いがプエルトリコの政治をかたちづくってきた。だからこそ、マリアナで議論が進むにつれてより幅広い自由の定義が現れたことは重要に思える。「複合的主権」――輸入と巨大農業資本への依存から解放された食料主権、化石燃料から解放され地域共同体によって管理されるエネルギー主権——について議論されるのをわたしは聞いた。そしてその「複合的主権」には、住宅、水道、教育をめぐる主権も含まれるのかもしれない。

さらに、この脱中心的モデルが気候変動の文脈ではよりいっそう重要であるということへの理解も成熟しつつあるように見えた。気候変動によってプエルトリコのような島々は、通信ネットワークから電力系統そして農作物の供給路にいたるまで、あらゆる中央集権的なシステムを破壊するような、さらにたくさんの極端な気象に襲われることになるのだ。

その一日の終わりには、共同の台所で調理された食事が用意された。米と豆、タロイモのマッシュ、鱈のシチュー、そして虹のように多彩な島で獲れた果物で香りづけされた自家製のラム酒。食事の後には、トローバ〔ギターによる弾き語りで演奏されることの多いキューバを中心としたカリブ海地域伝統の音楽スタイル〕の生演奏が行われ、日没後も長いこと踊りが続いた。ボランティアが台所の片づけを手伝うなか、地域のお年寄りが訪れ、静かに酸素吸入器の充電をしながら友人と談笑していた。

この集会が途切れることなくパーティーへと変わっていくのを見ながら、わたしはヤリマール・ボニラが、プエルトリコで絶望が伝染していくなかで、「一番うまくやっているように見えるのは、他人を助け、共同体の活動に参加している人たち」なのだと言ったことを思い出していた。この場所では、それはまぎれもない真実だった。そしてそれはまた、わたしが出会った、家族のために食料を持ち帰ることの誇りに満ち溢れていたオロコビスの若者たちについても、本当のことだった。

人を助けることがこのような癒しの効果を生むことは道理に適っている。ハリケーン・マリアのような深いトラウマを生き延びることは、無力さの最も極端なあり方を知ることにほかならない。愛する家族の生死を確かめるのに永遠とも思われる時間を要した。子供たちが傷つくのを守ることができなかった親もいた。自分の家や共同体、そして土地の復興において、支援すること、たんなる観察者ではなく参加者となることが無力さへの最大の癒しとなるのは、当然の帰結なのである。

ショック・ドクトリンが、政治的戦略として、ただ冷笑的でご都合主義なだけでないのはこの理由による——「それは残酷なんです」、とモニカ・フロレスは涙を浮かべながら言った。共有の資源が自分たちの手から取りあげられ売りさばかれていくなかで、生きることに精一杯で、止めることができず、ただ見ているしかない状況へと人びとを追いやることで、プエルトリコに降り立った災害資本主義者たちは、無力さという、自分たちが利用するためにやって来た災害の最もトラウマ的な部分を、さらに押しつけようとしているのである。

時間との競争

マリアナで過ごしたその日の早い時間に、ある講演者が、自分たちの直面する課題を、「運動の速さと資本の速さ」との競争であると言い表していた。

資本は速い。民主主義的な規範に構うことなく、知事と財政管理委員会は、数週間のうちに自分たちの領土を極端に縮小して競りにかける計画をこしらえた——実際のところ、その計画は債務危機のあいだにすでに十分練られており、そのために速度はさらに増したのだった。彼らがしなければいけなかったのは、その計画を復活させ、ハリケーンへの救援策として取り繕ったうえで、命令を発することだけだった。同じように、ヘッジファンドの経営者や暗号通貨トレーダーたちは、自分の会計士と弁護士以外には誰にも相談することなく、気まぐれで移住して自分たちの「プエルトピア」を建てる決心ができたのだ。

「パラダイスはヤる（パフォームズ）」という標語で言い表されるプエルトリコが、これほどまでの速さで動いているのはこのためである。たとえばわたしは、税制優遇措置の利益を受けるためにプエルトリコに移住し、ホテルへの投資を始めた言葉巧みなイギリス人、キース・セントクレアに取材を行った。彼は、ハリケーン・マリアの直後に知事に会ったのだと話した。「それでわたしは言ったんですよ、『二倍、三倍、四倍の賭けに出てやるぞ、なんたってプエルトリコを信じているからね』って」。サンフアンに所有するホテルの一つ（「九〇％の免税を受けた物件」だそうだ）から、ほとんど空っぽのイスラ・ベルデ・ビーチを見晴らしながら、彼はこう予想した。

「ここはマイアミのサウス・ビーチになれる。……それこそわたしたちがつくろうとしているものなんです」

ここマリアナに集った草の根の運動家たちは、どこからか飛んでくる税金逃れの金持ちたちのベッドタウンになることが、なんらかの真面目な経済成長戦略になりうるなどとは、まったく信じていない。そして彼ら彼女らは、この災害後のゴールド・ラッシュが野放しにされれば、自分たちが自分たちの島のために思い描こうとしている、まったく別の種類の楽園への途が閉ざされてしまうだろうということを危惧している。

プエルトリコでは土地は希少であり、まして優良な農地はもっと貴重である。もしその土地がさらなるオフィスタワーやショッピングモール、ホテル、ゴルフ場、そして邸宅のために買い尽くされれば、持続可能な農園や再生可能エネルギー計画に利用するための土地はわずかしか残らないだろう。そしてもしインフラへの支出が有料の高速道路や高額のフェリー、そして空港へと流れれば、公共交通機関や地域の食料供給システムのための費用はなにも残らないだろう。さらに、もし電力の民営化が決行されれば、太陽光と風力発電のマイクログリッド・モデルを追求するのは、地域共同体には賄えないほど高くつくようになってしまうかもしれない。結局のところ、ネヴァダ州からフロリダ州にいたる民営の電力会社は、州政府に対して圧力をかけ、再生可能エネルギーへの転換を封じるような施策をとらせることに成功したのだ。顧客がまた競争相手でもある（なぜなら自分たちで発電を行い、電力系統へと売ることができるから）ような市場が利潤を生まないことに疑いはないからである。ロセジョ知事の財政計画はすでに、独自の再生可能エネルギーのマイクログリッドを設置する地域に罰則を与える新しい税の導入を提案している。

これらすべては致命的な選択である。プエルトリコの経済開発商務庁長官マヌエル・ラボイは、この機会に選択された諸決定が、「基本的に、次の五〇年間にわたる原則と状況を定めることになるだろう」と述べた。

問題は、資本と違い、運動の動きは遅い傾向にあるということだ。これは、民主主義を深め、普通の人びとに自分たちの目標を定めさせ、歴史の手綱を掴ませることを目的とする運動については、なおのこと当てはまるのである。

だからこそ、プエルトリコ人がこの自己決定のための運動をけっして一からつくりだそうとしているわけではないのは、好ましいことである。実にこの人びとはこの瞬間のために、独立闘争の最盛期から、米海軍をビエケス島から追い出すことに成功した闘争、そしてハリケーン・マリアが訪れる前の数ヶ月間に盛り上がりが頂点に達した反緊縮および反債務の連立にいたるまで、数世代にわたって準備してきたのである。

そして多くのプエルトリコ人がまた、この領土のいたるところに隠された主権の島々のなかに、彼ら彼女らの未来の世界のミニチュア版を築きあげてきたのである。いまマリアナで、こうした島々がお互いに出会い、平行世界にある自分たちの政治的列島をつくりだそうとしているのだ。

マリアナでのサミットに出席したエリザベス・ヤンピエールは、プエルトリコを襲う荒廃に直面しながらも、彼女の人びとはこの先の闘いを耐え抜く勇気を備えているのだと信じている。「これまでは可能だと想像すらできなかった規模の抵抗と支援が目に見えているのです」と彼女は言った。

「そしてそのことは、この人たちが植民地主義と奴隷制を生き抜いてきた人びとの子孫であり、だから強靭なのだということを、わたしに思い出させます」

わたしがプエルトリコを去ってから数週間後、マリアナに代表を送った六〇の団体はフンテ・ヘンテ（団結した人びと）という名の政治連合へと集まり、列島のいたるところで集会を行っている。フンテ・ヘンテは、世界中のさまざまなモデルを参考にして、メンバーの多様な理念を、抜本的に変革されたプエルトリコという共通のヴィジョンへと統合するための綱領をまとめはじめた。プエルトリコの人びとは数世紀にわたって主権を脅かされてきたが、それでも自分たちだけが自分たちの共同体の未来を夢見る権利をもつのだという臆面のない主張のもとに、そのヴィジョンは構想されている。

こうして、ハリケーン・マリアがあれほど多くの機能不全を暴露し、それと同時にほんの少しだがうまく機能する重要な物事があるのだと明らかにしてから六ヶ月後、プエルトリコは複数のユートピアをめぐる闘いに揺れることとなった。プエルトピア人たちは、社会から一気に身を引き、自分たちの民営化された囲い地に引きこもることを夢見ている。マリアナに集った諸団体は、もっとずっと深い献身と関わりあいを伴う社会を夢見ている――人びと同士がお互いに、共同体のなかで、そして安全な未来のためには絶対に健康な状態を守らなければいけない自然界に対して、気づかい関わりあうような社会である。

いまのところ、これらの真っ向から対立したユートピアは、それぞれの平行世界のなかで、それぞれの速さで、歩みを進めている——一方はショックを利用しながら、そして他方はショックに抗いながら。しかしどちらも急速に勢力を増しており、これからの前途多難な数ヶ月間あるいは数年間のあいだに、両者がぶつかりあうことを避けることはできないのだ。

謝辞

インターセプトのベッツィー・リード、ロジャー・ホッジ（ストーリー・エディター）、シャーロット・グリーンジット、シャロン・ライリー（研究員、事実調査員）、ローレン・フィーニー、アンドレア・ジョーンズ、フィリップ・ヒューバート。

ヘイマーケットのジュリー・フェイン、ブライアン・ボーガン、テレサ・コルドバ・ロドリゲス（スペイン語への翻訳）、レイチェル・コーエン（表紙と本文のデザイン）、ジム・プランク、そして、この計画をそもそも実現可能にした、アンソニー・アーノーヴ。

それから、ジャッキー・ジョイナー、アヴィ・ルイス、アンジェラ・アドラー、カティア・アビレス、フェデリコ・シントロン・モスコーソ、ギュスタボ・ガルシア・ロペス、アナ・エリザ・ペレス、マリオルガ・レイエス・クルーズ、ファン・カルロス・リベラ・ラモス、ヘスス・バズケス、エリザベス・ヤンピエール、ルース・サンチアゴ、ベルナート・トルト・オルティス、カルメン・ユリン・クルス、ホセ・ラ・ルス、ソフィア・ガリサ・ムリエンテ、エバ・プラドス、クリスチアン・カレテロ、エドゥアルド・マリオタ、アナ・ティジュ、気候正義連盟、UPROSE、カーサ・プエブロ、オルガニザシオン・ボリクア・デ・アグリクルトゥア・エコロジア、そしてザ・リープ〔気候変動や人種差別、不平等の問題に取りくむカナダの作家や芸術家などによる政治運動体〕。

最大の感謝は、わたしをプエルトリコに招き、これらの物語を広く伝える手助けをさせてくれた、PAReSの行動する知識人たちに送ります。

インターセプトについて

二〇一三年にアメリカ国家安全保障局のエドワード・スノーデンが大衆監視の実態を内部告発して以来、ジャーナリストのグレン・グリーンウォルド、ローラ・ポイトラス、そしてジェレミー・スケイヒルは、こうした事態の発覚によって必要となった種類の報道、すなわち、恐れずに反対するジャーナリズムを目的とした、新しいメディア団体を発足させることを決めた。それはインターセプトと名づけられた。

今日、インターセプト（theintercept.com）は、国家安全保障、政治、市民的自由、環境問題、国際問題、技術、刑事裁判、メディア、そのほかにも多くの主題を扱う、受賞歴のある報道団体となった。編集長のベッツィー・リードに率いられたリポーターたちは、強大な組織にも責任を問うことのできる編集上の自由——そして腐敗と不正義を明るみに出すための調査を遂行するために必要な支援を享受している。

メディ・ハサン、ナオミ・クライン、ショーン・キング、シャロン・ラーナー、ジェームズ・リズン、リリアナ・セグーラ、そして共同設立者で編集者のグレン・グリーンウォルドとジェレミー・スケイヒルなどが常連の寄稿者である。インターセプトを設立するにあたり、eBayの創業者で慈善家のピエール・オミダイアは資金援助を行い、非営利団体のファースト・ルック・メディアを通じて援助を続けている。

訳者解説

本書は、カナダ出身のジャーナリスト、ナオミ・クライン（Naomi Klein, 1970–）の *The Battle for Paradise: Puerto Rico Takes On the Disaster Capitalists* (Haymarket Books, 2018) の全訳である。本解説では、まず本書とクラインのこれまでの著作との関係を確認し、次に本書出版後のクラインの活動とプエルトリコの現状について触れたうえで、本書の論点をより広い文脈で検討する。

クラインのこれまでの著作と本書との関連性

本書はこれまでのクラインの本のなかで最も短いものだが、過去の著作でのさまざまな論点がプエルトリコという小さな島国において一点に集まることを示している点で、彼女の活動のエッセンスを凝縮した著作であるとも言える。

クラインは、一九九九年に出版された最初の著作 *No Logo : Taking Aim at the*

Brand Bullies（『ブランドなんか、いらない——搾取で巨大化する大企業の非情』はまの出版）、および新聞などに掲載された短い論考を集めた選集である二〇〇二年の*Fences and Windows : Dispatches from the Front Lines of the Globalization Debate*（『貧困と不正を生む資本主義を潰せ——企業によるグローバル化の悪を糾弾する』はまの出版）におけるグローバル企業批判によってジャーナリストとしての評価を確立した。

二〇〇七年の著作、*The Shock Doctrine : The Rise of Disaster Capitalism*（『ショック・ドクトリン——惨事便乗型資本主義の正体を暴く』岩波書店）では、disaster capitalism（既訳では「惨事便乗型資本主義」だが、本書では簡略に「災害資本主義」とした）という概念を用いて、ハリケーン・カトリーナやチリのクーデターなどの動乱のさなかに新自由主義的な改革が急進的に推し進められたことを論じた。日本語版は東日本大震災の同年に出版され、未曾有のショックに見舞われた日本社会において幅広い議論を呼んだ。

二〇一四年の*This Changes Everything: Capitalism vs. the Climate*（『これがす

べてを変える——資本主義VS気候変動』岩波書店）は、気候変動への対応が市場の論理に依拠している限り効果的たりえないことを示し、環境問題に真剣に取り組むならば資本主義そのものに挑戦することが避けられないことを説得的に論じた。ここでの議論と関連して、クラインは二〇一五年に政治運動体リープ・マニフェストの発起人に名を連ねた。気候変動への取り組みを求めるこの声明には、ニール・ヤングやアーケイド・ファイア、故レナード・コーエン（二〇一六年没）などのミュージシャンや、SF作家のウィリアム・ギブソンなど、多様な面々が署名をしている（余談だが、クラインが二〇一七年一二月にBBCのデザート・アイランド・ディスクスというラジオ番組に出演し、無人島に持っていきたい一〇枚のディスクを問われた際に一枚目に選んだのは、コーエンのアルバム『ロマンシェード』だった）。

二〇一七年の著作 *No Is Not Enough: Defeating the New Shock Politics*（『NOでは足りない——トランプ・ショックに対処する方法』岩波書店）は、トランプ政権の誕生やイギリスのEU離脱を決める国民投票の結果などの衝撃を受けて書かれ、新自由主義を批判するだけでは十分でなく、その代替案となりうるようなヴィジョンを提示する重要性を主張した。

そして二〇一八年六月に出版されたのが、この『楽園をめぐる闘い』である。本書では、ショック・ドクトリン、気候変動、そして新たなユートピア的ヴィジョンの必要性といった過去の著作の論点が有機的に結びついている。

楽園をめぐる闘いの現在

本書の内容は、本文の最後に説明のあるインターネットメディアのインターセプトに二〇一八年三月二〇日に公開されたものであり、現在でも記事およびそれに基づいたドキュメンタリー映像を視聴することができる。同年六月に同記事が書籍として出版されてからも、クラインはインターセプトにプエルトリコの現状や気候変動に関する記事を寄稿し続けている。八月四日の記事「われわれの気候変動への取り組みの勢いを殺したのは資本主義であって「人間の本質」ではない」(Capitalism Killed Our Climate Momentum, Not 'Human Nature')では、作家ナサニエル・リッチが『ニューヨーク・タイムズ・マガジン』に発表した長文記事のなかで気候変動における資本主義の担った役割が十分に論じられていないことを指摘し、市場の論理に頼る限り気候変動を止めることはできないという主張を再提示するとともに、この観点を共有する若い世代への期待を表明している。

そのような新世代の政治家の筆頭は、環境問題に取り組む運動体サンライズ・ムーヴメントの支持を得て、二〇一八年一一月六日に行われた米国議会中間選挙で当選し史上最年少（二九歳）の女性下院議員となった、プエルトリコ系の両親をもつ民主党のアレクサンドリア・オカシオ=コルテスである。彼女は「グリーン・ニューディール」（GND）、すなわち全面的な再生可能エネルギーへの移行と政府の出資による大規模な雇用創出を目指す政策に向けた特別委員会の設置を求める声明を出し、オバマ政権において一時は大きな期待を集めながらも失速したかに思われたGNDをめぐる議論を再燃させている。一一月二八日にインターセプトに発表された「一発逆転となりうるグリーン・ニューディールの可能性」（The Game-Changing Promise of a Green New Deal）という記事で、クラインはオカシオ＝コルテスの声明を評価し、サンライズ・ムーヴメントの若者たちがGNDへの取り組みを求めて民主党の下院議長ナンシー・ペロシのオフィスの前で座り込んだことに希望を見出している。オカシオ＝コルテスの特別委員会の構想は、地域に根ざした農業や再生可能エネルギーに関する教育の普及など、『楽園をめぐる闘い』においてクラインが提示した動向と重なる部分が多い。プエルトリコの事例は、アメリカでGNDへの取り組みが進んだ場合に大いに参考になることだろう。

一方でプエルトリコを取り巻く現状は厳しい。バーニー・サンダースを中心とした民主党議員たちはプエルトリコなどハリケーン被災地の債務の軽減案を出しているが、トランプ政権は依然としてハリケーン・マリアによる死者数を極端に少なく見積もっており、その一方でトランプ自身は二〇一八年九月時点で、自らの災害対応が「成功」だったと主張している。九月二一日にインターセプトに発表された「プエルトリコの災害は自然なものではまったくない」（There's Nothing Natural About Puerto Rico's Disaster）という記事で、クラインは本書での論点を再訪しつつ、フンテ・ヘンテなどに代表される草の根の活動団体と連帯し、災害を食い物にする新自由主義的政治との闘いを呼びかけている。

誰のための「ユートピア」か？

プエルトリコの惨状を、あるいは気候変動をめぐる厳しい現状を眼の前にしたとき、クラインやオカシオ＝コルテスの議論は非現実的（ユートピア）なものに見えるだろうか？しかし『楽園をめぐる闘い』では、「ユートピア」という語は「現実離れした」という通常含意される否定的な意味合いを超えた重要性をもっている。以下では「ユートピア」という語を手掛かりに、本書の議論をより長期的な歴史的視座から捉え直したい。

「ユートピア」という語は、イギリスの法律家・人文主義者トマス・モアの一五一六年の著作のなかで考案された。モアの『ユートピア』は、オーウェン・ヒスロディという旅人がアメリカ大陸からヨーロッパへの帰路に訪れた「ユートピア」という島国について記述する。

一般的に「理想郷」と理解されるutopiaの語源はギリシア語のou + topos（＝no place）とされるが、同時にeu + topos（＝good place）とも考えることができる。すなわちutopiaには、よい場所であるが存在しないという両義性が含意されている。このこともあり、「ユートピア」は非現実的な政治観と同一視されるようになり、マルクス＝エンゲルスによるオーウェンやフーリエなどの「ユートピア的社会主義」批判に見られるような、「ユートピア」＝理想主義という否定的な意味が付与されてきた。

さらにユートピアはつねに絵空事にとどまるばかりではなく、もし実現されれば恐怖政治を生むものだと理解されるようになった。二〇世紀における、ザミャーチンの『われら』、ハクスリーの『素晴らしい新世界』、そしてオーウェルの『一九八四年』といった「ディストピア」文学の隆盛は、ユートピアを「全体主義」と切り離せないものとした。冷戦期に入ると、ユートピアは——そして社会全体の変革へのヴィジョンを構想するような「ユートピア的」思考一般は——ソ連の抑圧的な政治体制と結びつけられ、忌避されるようになった。

ユートピアからディストピアへの反転の危険性は、モアのテクストにおいてすでに読みとることができる。ユートピアを治めるユートパス王は外からやってきた侵略者であり、先住民を動員した大工事によって、もともと地続きであった国土を陸地から切り離した上で長大な運河を掘り、他者の侵入を拒むことで理想郷を建設した。「無礼な未開の民」から「理想の国家の住人」への変貌を強いられた先住民にとって、ユートピアはそもそもディストピアにほかならなかったことだろう。

『ユートピア』出版から遡ることおよそ二〇年、コロンブスによって一五世紀末に「発見」された金脈を有する島国は、一五〇八年にスペインから総督として赴任したポンセ・デ・レオンによって、「豊かな港（プエルトリコ）」と名づけられた。先住民族のタイノ人は、スペイン入植後およそ三〇年で迫害と過酷な労働により絶滅に追い込まれた。(1) この歴史はモアのユートピアを想起させる。SF作家のチャイナ・ミエヴィルが指摘するように、ユートピアの問題点は、現実から遠すぎることにあるのではなく、むしろ帝国主義の歴史のなかで繰り返されてきた現実にあまりにも近いことなのである。[2]

災害資本主義者たちがプエルトリコを「真っ白なキャンバス」と見立てていることは、ユートピアの歴史の負の側面を思い起こさせる。新自由主義のプロジェクトは、完全に自由な競争が行われる市場というユートピアへの衝動に支えられており、それは植民地主義に見られる他者への蔑視と暴力的な土地収奪なしには成立しえないのだということを、クラインは明らかにする。

ただ本書の魅力は、クラインがそれでもユートピアの肯定的な側面を手放さないことにある。本書で、彼女はプエルトリコという地理的な島々のなかに隠れた、新たな可能性をもつ「島々」――アグロエコロジー農園や太陽光発電のオアシス――について語る。こうした「島々」には、災害資本主義者のそれとは異なるユ

（1）プエルトリコの歴史については、国本伊代編著『カリブ海世界を知るための七〇章』（明石書店、二〇一七年）を参考にした。

（2）Thomas More, *Utopia* (Verso, 2016) 所収のミエヴィルによる序文を参照。

ートピアを垣間見ることができる。クラインにとって、ユートピアは単一で絶対的なものなのではなく、複数形で変化し続けるものなのだ。このように複数の運動の連合による変化のプロセスとして構想されることで、「ユートピア」という概念は二〇世紀の「全体主義」的ディストピアの影から解放され、その真価を発揮できるだろう。

クラインはオカシオ゠コルテス議員の特別委員会設置案がそのまま実現するとは期待していないという(3)。現に二〇一九年一月現在、民主党の首脳部はその提案を無視したままだ。ただそれは、その提案が必ずしも非現実的なものであることを意味しない。むしろそのような構想が提示されることで、それに向けて多様な運動が連帯することにクラインは期待している。『NOでは足りない』で引用されるウルグアイの作家エドゥアルド・ガレアーノの一節にあるように、ユートピアは常に届きそうで届かないものだが、そこに向かって歩き続ける限りにおいて、それは有用なのである。

わたしたちの「楽園」にむけて——プエルトリコと沖縄

日本の読者にとって本書の論点と関連する問題にも触れておきたい。

プエルトリコのビエケス島は、長年のあいだ米海軍の軍事演習場が置かれ、様々な訓練や実験に利用された。この記述を読んだときにわたしが真っ先に思い浮かべたのは、沖縄の基地問題を扱ったドキュメンタリー映画『標的の村』(三上智恵監督、二〇一三年)である。この映画では、沖縄県東村高江にある豊かな森で枯葉剤などの実験が行われ、住民をベトナムの現地住民に見立てたゲリラ戦の軍事演習などが行われてきた歴史が語られる。

プエルトリコでは、一九九九年に演習中の事故で住民が一名死亡したことをきっかけに盛り上がった大規模な抗議運動により、二〇〇三年にはビエケス島から米軍を撤退させることに成功した。沖縄の米軍基地返還を求める運動家たちは、

(3) インターセプト、二〇一八年一二月二一日(https://theintercept.com/2018/12/20/naomi-klein-podcast-labor/)。

プエルトリコの運動を支援し、その経験から学ぶために、現地を訪問するなどの交流を行ってきた。米国から自治領という地位を与えられながらも、植民地時代から続く差別的扱いを受けてきたプエルトリコは、日本政府と米国政府の双方から不当な扱いを受けてきた沖縄と重なる。現にプエルトリコは「もうひとつの沖縄」と呼ばれることもあるという(4)。

この解説を書いている二〇一九年一月現在、米軍普天間飛行場の移設のため、沖縄県側の意向を無視して、名護市辺野古の海の埋め立てが進んでいる。わたしたちは、沖縄を苦しめてきた植民地的関係をこのまま放置してよいのだろうか？本土の人間にとっては青い海の「楽園」と想像される沖縄に、日本全土の米軍専用施設の七四%を押し付けていてよいのだろうか？　沖縄の高い子どもの貧困率など経済的な諸問題は、プエルトリコのそれと同じように、これまでの植民地的な扱いに起因するものなのではないか？　こうした現状に代わる将来を構想するにあたり、プエルトリコの歴史と、いまそこに生まれつつある「楽園」から学べることは多い。

一方で、プエルトリコや沖縄を嘘と偏見でディストピアに仕立て上げるような言説に注意しなければならない。「沖縄の基地追い出しは第二のプエルトリコ化を招く」という記事を書いた自称国際政治学者は、プエルトリコの財政破綻の原因を「米軍基地を追い出したこと」として、沖縄から米軍基地が撤退すれば同じ道をたどることになると警告している。[5] 本書でも論じられたように、プエルトリコの財政破綻は米国による長い植民地主義の歴史、およびウォール街に売りつけられた不当な金融商品による部分が大きく、沖縄の基地反対運動を批判するために米軍撤退と財政破綻を恣意的に結びつけるのは姑息というほかない。

（4） この点に関しては太田昌国、「プエルトリコに沖縄を透視する」『インパクション』第一一八号（二〇〇〇年三月）を参照（http://www.jca.apc.org/gendai/20-21/2000/okinawa.html）。
（5） 藤井厳喜「沖縄の基地追い出しは第二のプエルトリコ化を招く」、二〇一五年九月五日（https://www.zakzak.co.jp/society/domestic/news/20150905/dms1509051530005-n2.htm）。

本書の日本語版の読者は、プエルトリコの事例から、より身近な沖縄をめぐる問題を考え、そして辺野古移設にNOをつきつけるだけではなく、その先に来たるべきユートピア的ヴィジョンを構想するべきだろう。クラインの議論を沖縄の文脈に結びつけるのは決して強引ではなく、クライン自身も二〇一四年にノーム・チョムスキーらとともに辺野古移設に反対する声明に署名をしている。そして、プエルトリコの未来が米国のGNDをめぐる議論に大きな示唆を与えるのと同じように、沖縄の将来を考えることは、日本全土の経済やエネルギー政策の見直しにも影響を与えるだろう。本書が、日本列島のなかに希望の「島々」を築くことの手助けとなるのであれば、訳者としてそれほど嬉しいことはない。

最後に本書の翻訳に至った経緯について述べておきたい。わたしの専攻は二〇世紀イギリス文化研究なので、本書の内容と直接関係するものではない。二〇一八年九月にイギリスのマンチェスター大学に博士論文を提出し、その翌月、口頭試問の準備から逃避するためにロンドンのブルームズベリー地区をうろついていたときに、堀之内出版の小林えみさんからこの翻訳について打診され、すぐに近所の書店に入ると、その場で平積みになっていた本書の英語版を購入して帰りの電車で一気に読み、引き受けることを決めた。クラインの主要な著作は読んでおり彼女の仕事にはずっと関心があったが、翻訳の依頼がなければこの本を読むのはもう少し後回しになっていたと思うので、この刺激的な本との出会いを早めてくれた小林さんには心より感謝を記したい。それからの数ヶ月間、馴染みのないプエルトリコの歴史やエネルギーをめぐる議論などについて勉強しながら翻訳作業を進めた。このような経緯もあり、本書の論点のすべてをわたし自身が十分に飲み込めているかは自信がないが、だからこそ読者のみなさまにはそれぞれの知識と経験をもって本書の議論を吟味してほしい。この翻訳によって、クラインがマリアナ村で遭遇したような活発な議論が日本にも生まれることを望む。

二〇一九年一月

星野真志

ナオミ・クライン

1970年、カナダ生まれのジャーナリスト、作家、活動家。デビュー作『ブランドなんか、いらない』は、企業中心のグローバリゼーションへの抵抗運動のマニフェストとして世界的ベストセラーになった。アメリカのイラク戦争後の「復興」に群がる企業の行動に注目したことがきっかけとなった大著『ショック・ドクトリン——惨事便乗型資本主義の正体を暴く』は、日本でも多くの読者に受け入れられた。『これがすべてを変える——資本主義 vs. 気候変動』は、「『沈黙の春』以来、地球環境に関してこれほど重要で議論を呼ぶ本は存在しなかった」と絶賛された。2016年、シドニー平和賞受賞。2017年に調査報道を手がける米ネット・メディア「インターセプト」に上級特派員として参加、他に『ガーディアン』『ネーション』などさまざまな媒体で記事を執筆している。

星野真志

1988年群馬県太田市生まれ。一橋大学社会学部、同大学大学院言語社会研究科修士課程を経て、マンチェスター大学英米学科で博士号を取得。研究対象は1930〜40年代英国の文化と政治、とくにジョージ・オーウェル、ドキュメンタリー運動、英国のシュルレアリスムなど。2019年1月、論文‘Humphrey Jennings's “Film Fables”: Democracy and Image in *The Silent Village*’で英国モダニズム学会（British Association for Modernist Studies）新人論文賞（BAMS Essay Prize）を受賞。共訳に『革命の芸術家——C・L・R・ジェームズの肖像』（こぶし書房、2014年）。

楽園をめぐる闘い
——災害資本主義者に立ち向かうプエルトリコ

2019年4月20日　初版第1刷発行

著者　ナオミ・クライン

訳者　星野真志

発行所　堀之内出版
〒192-0355
東京都八王子市堀之内3丁目10-12フォーリア23 206
TEL:042-682-4350／FAX: 03-6856-3497
http://www.horinouchi-shuppan.com/

装丁　川名潤
組版　トム・プライズ
印刷　シナノパブリッシングプレス

ISBN978-4-909237-39-2　